„Markteintrittsstrategien ausländischer
Unternehmungen in Indien"

MANUEL EBERHARD

M.I.
P.

Markteintrittsstrategien ausländischer Unternehmungen in Indien

Manuel Eberhard

1st Edition

Exclusive rights by the Management Laboratory Press UG.

Published by the Management Laboratory Press UG, a business unit of the Management Laboratory, Christoph Lymbersky, Luetkensallee 41, 22041 Hamburg, Germany.

Case material in this book is made possible by the cooperation of business firms and other organizations which may wish to remain anonymous by having names, quantities and other identifying details disguised while maintaining basic relationships. Cases are prepared as the basis for class discussion rather than to illustrate either effective or ineffective handling of an administrative situation.

Registered with:

Copyclaim: #10002761

U.S. Copyright Clearance Center (CCC)

ISBN-Agentur für die Bundesrepublik Deutschland in der MVB Marketing- und Verlagsservice des Buchhandels GmbH

Bibliografische Information der Deutschen Nationalbibliothek

Die Deutsche Nationalbibliothek verzeichnet diese Publikation in der Deutschen Nationalbibliografie; detaillierte bibliografische Daten sind im Internet über http://dnb.d-nb.de abrufbar.

Interior Design: © Olivia Kampe

Cover Design: © Olivia Kampe

When ordering this title, use ISBN: 978-394-157-970-5

www.Management-Laboratory.com

Inhaltsverzeichnis

BIP	Bruttoinlandsprodukt
€	Euro
EOU	Export Oriented Undertaking
F&E	Forschung und Entwicklung
FDI	Foreign Direct Investment
FICCI	Federation of Indian Chambers of Commerce and Industry
FIPB	Foreign Investment Promotion Board
GATT	General Agreement of Tariffs and Trade
IfM	Institut für Mittelstandsforschung
IMF	International Monetary Fund
IT	Informationstechnik
MNU	Multinationale Unternehmungen
NACE	Nomenclature statistique des Activités économiques dans la Communauté Européenne
OECD	Organisation for Economic Co-Operation and Development
RBI	Reserve Bank of India
SEZ	Special Economic Zone
US	United States
UNCTAD	United Nations Conference on Trade and Development
WIPO	World Intellectual Property Organisation
WTO	World Trade Organization

1 Einführung in die Thematik

1.1 Problemstellung und Zielsetzung

Die Strategie des Markteintritts ausländischer Unternehmungen ist eine folgenreiche und gründlich zu erörternde Entscheidung, da sie die Kapazitäten und Ressourcenbindung der Unternehmung beeinflussen (vgl. Johnson/Tellis 2008, S. 2). Seit der wirtschaftlichen Neuorientierung Indiens Anfang der 90er Jahre, rückt das Land vermehrt in den Fokus ausländischer Direktinvestitionen (vgl. Klinger-Paul 2006, S.17). Führende Banken und Wirtschaftsinstitute prophezeien für Indien bis 2020 sogar ein stärkeres Wirtschaftswachstum als das von China, sodass die Relevanz ausländischer Direktinvestitionen weiter zunehmen wird (vgl. Vermeer/Neumann 2008, S.52). Die Wahl der Direktinvestition ist dabei ein zentrales Entscheidungskriterium bei der Suche nach der am besten geeigneten Markteintrittsstrategie. Abhängig von finanziellen und personellen Ressourcen sowie der strategischen Zielsetzung kann diese erheblich variieren (vgl. Fieten 1997, S. 697). In der Literatur und Forschung existieren verschiedene Klassifizierungen der Direktinvestition, die sich in der Art der Ansiedlungs- und Eigentumsform voneinander unterscheiden (vgl. Welge/Holtbrügge 2006, S.107). Als gebräuchlich hat sich dabei die Unterscheidung zwischen Unternehmensneugründungen (Greenfield Investments) und Unternehmenskäufen (Akquisitionen) im Bereich der Ansiedlungsform etabliert (vgl. Kogut/Singh 1988, S.411; Anand/Delios 2002, S.119; Meyer et al. 2009, S.62). In Indien ist es ausländischen Unternehmen erst seit dem Jahr 2000 erlaubt, 100%-ige Tochtergesellschaften zu gründen. Der Trend geht seitdem verstärkt weg von Kooperationsformen, hin zu 100%-igen Eigentumsformen. Diese Tendenz wird von 63% der deutschen Manager unterstützt, welche laut einer Befragung der WHU Otto Beisheim School of Management zu 100%-igen Tochtergesellschaften raten, lediglich 37% sprechen sich für Joint Ventures aus (vgl. Kaufmann et al. 2006, S.4). In Anbetracht konjunktureller Schwankungen und der damit einhergehenden Erhöhung des wirtschaftlichen Risikos eines Markteintritts in Indien, wird für Unternehmungen die Frage nach der geeigneten Direktinvestitionsform ein noch wichtigerer Faktor bei der Abwägung von Kontrolle gegenüber des Kapitaleinsatzes. Dabei spielt das Argument der geringeren Lohnkosten oftmals eine dominierende Rolle. Dies ist jedoch nicht die einzige Determinante, auf die bei einem Markteintritt in Indien geachtet werden sollte. Als Absatzmarkt besitzt Indien bereits eine hohe Bedeutung in Deutschland, jedoch ist das Potential als Fertigungsstandort noch lange nicht ausgeschöpft (vgl. Eppinger/ Rechkemmer 2007, S. 19). Besonders deutsche mittelständische Unternehmungen blicken bei der Wahl neuer Fertigungsstandorte zumeist nur bis Mittel- und Osteuropa und nur wenige wagen den Schritt auf den Subkontinent (vgl. Eppinger/Rechkemmer 2007, S.19). Es ist jedoch möglich, Vorteile gegenüber Wettbewerbern zu erzielen, indem man Teile der Wertschöpfungskette wie Produktion, Forschung und Entwicklung (F&E), Verwaltung oder Vertrieb nach Indien auslagert (vgl. Eppinger/Rechkemmer 2007, S. 19). Über die Faktoren, die die Wahl der Markteintrittsform, insbesondere in deren Unterscheidung zwischen Greenfield Investment und Akquisition beeinflussen besteht noch Erkenntnisbedarf (vgl. Gasparic-Fiember 2007, S.1). Der Großteil der vorliegenden Studien bezieht sich zudem auf westliche bereits industrialisierte Länder, deren Ergebnisse nicht ohne Einschränkungen auf das Investitionsverhalten in Indien übertragen werden können. So ist das Vorhandensein von attraktiven indischen Unternehmen eine Voraussetzung, um eine bestehende Unternehmung zu übernehmen. Desweiteren ist die Qualität lokaler Arbeitskräfte und Zulieferer von hoher Bedeutung. Um die gewohnten Standards bei der Produktion zu gewährleisten, müssen die Produkte, welche in den Produktionsprozess einfließen, ebenfalls den Qualitätserwartungen der produzierenden Unternehmen entsprechen. Ist dies nicht der Fall, ist eine Verlagerung der Produktion in das betreffende Land mit hohen Schwierigkeiten behaftet. Deshalb stellt sich die Frage, was Unternehmungen bewegt, sich für eine bestimmte Form des Markteintritts zu entscheiden, welche die dominierenden Faktoren sind und wie sie die strategische Wahl des Unternehmens beeinflussen.

Darüberhinaus stellt sich die Frage, ob empirische Ergebnisse, welche in Bezug zu anderen Ländern gewonnen wurden, auf Indien übertragbar sind. Entgegen der unzweifelhaft großen Bedeutung des indischen Marktes, gibt es bislang noch relativ wenige Untersuchungen, die sich mit der Art der Direktinvestition ausländischer Unternehmungen und deren Zusammenhang mit unternehmensinternen Faktoren in Indien auseinandersetzen. Ein weiteres Problem ergibt sich aus dem nicht zufriedenstellenden Stand der aktuellen Direktinvestitionstheorie. Die Forschung befindet sich noch in ihrer Entwicklung. Die vorliegenden Theorien u.a. von Dunning (1977;1980;1988) und Buckley/Casson (1976) konnten zwar zum Erklärungsgehalt internationaler Direktinvestitionen beitragen, jedoch werden diese auch immer wieder heftig diskutiert (vgl. Gasparic-Fiember 2007, S.2).

Die Zielsetzung dieses Buches besteht darin zu untersuchen, welche unternehmensinternen Faktoren die gewählte Ansiedlungsform bei einem Markteintritt ausländischer Unternehmungen in Indien beeinflussen. Hinsichtlich der Auswahl der zu untersuchenden Faktoren wird in Anlehnung an Müller-Stewens/Lechner (1997, S. 243) eine Unterscheidung gemäß Abb.1 vorgenommen.

In Anbetracht des Gesamtkontextes einer Markteintrittsstrategie in Indien können die erzielten Untersuchungsergebnisse Aufschluss

```
┌─────────────────────────────────────────────────────────────┐
│           Unternehmensindividulle Einflußfaktoren             │
│              /              |              \                   │
│     Strategische        Harte           Weiche                │
│     Einflußfaktoren   Einflußfaktoren   Einflußfaktoren        │
│              \              |              /                   │
│           Greenfield Investment vs Akquisition                │
└─────────────────────────────────────────────────────────────┘
```

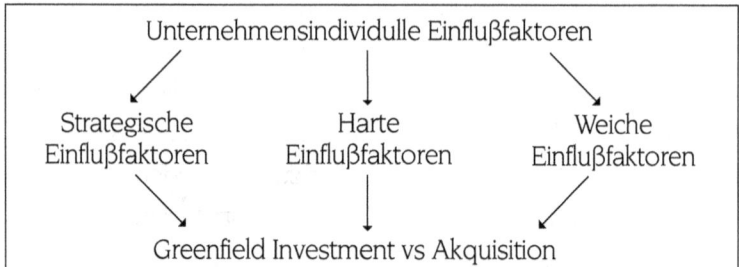

Abbildung 1: Einflussfaktoren auf die Ansiedlungsform
(Quelle: Eigene Darstellung in Anlehnung an Müller-Stewens/Lechner 1997, S. 243)

darüber erzielen, ob und in welcher Weise eine Abhängigkeit der ausgewählten Faktoren zu der Wahl der Ansiedlungsform besteht. Damit können Voraussagen über zukünftige Markteintrittsformen getroffen werden und möglicherweise Besonderheiten aufgezeigt werden, die den indischen Markt von anderen Ländermärkten unterscheidet. So kann es für Manager ausländischer Unternehmen, die einen Markteintritt in Indien planen von praktischer Relevanz sein, sich der Faktoren bewusst zu werden, welche für ihre Wahl ausschlaggebend sind. Hierdurch kann der Entscheidungsprozess auf die Kerneinflussfaktoren konzentriert werden und die Markteintrittsentscheidung fokussierter angegangen werden.

1.2 Konzeption und Aufbau des Buches

Dieses Buch umfasst sechs Kapitel, in denen zuerst auf die theoretischen Merkmale eingegangen wird. Im Anschluss werden die empirischen Befunde dargestellt und analysiert. Zu Beginn des Buches erfolgt eine Definition der verwendeten Begriffe. Da Gegenstand der Untersuchung nur Direktinvestitionen sind, wird zuerst auf die Unterscheidung von Direktinvestitionen gegenüber Portfolio-Ressourcentransfers eingegangen. Daran anschließend wird der Begriff „Ansiedlungsform", welcher in der Studie als abhängige Variable agiert, genauer definiert.

Ferner werden in Kapitel 3 die Umweltbedingungen erläutert, welche hinsichtlich einer Direktinvestition ausländischer Unternehmen in Indien relevant sind. Diese können die Entscheidung, eine bestimmte Form des Markteintritts vorzunehmen, ebenfalls beeinflussen. Hierbei sind besonders aktuelle Entwicklungen und länderspezifische Marktunsicherheiten aufzudecken, welche die Markteintrittsstrategie beeinflussen können (vgl. Baumgarten 2006, S. 32).

Darauf aufbauend, werden im vierten Kapitel die theoretische Ansätze zur Erklärung der Markteintrittsform skizziert und kritisch reflektiert. Es wurden bewusst diejenigen Internationalisierungstheorien herangezogen, welche sich primär mit der Wahl der Direktinvestition auseinandersetzen und Aussagen über relevante Einflussfaktoren treffen (vgl. Müller-Stewens/Lechner 1997, S. 238). Dabei sind der Internalisierungsansatz von Buckley/Casson (1976) und die Eklektische Theorie der internationalen Produktion von Dunning (1974) diejenigen Theorien, welche eine hohe Relevanz in Bezug auf die Wahl der Ansiedlungsform besitzen.

Nachfolgend werden aus ausgewählten zurückliegenden Studien, die sich mit dem Thema der Markteintrittsform befasst haben, mögliche relevante Einflussfaktoren für dieses Buch abgeleitet. Aufbauend auf den theoretischen Überlegungen erfolgt im Hauptteil des Buches eine empirische Untersuchung quantitativer Art bezüglich der gewählten Ansiedlungsform ausländischer Unternehmungen in Indien. Dabei soll untersucht werden welche Faktoren die Form des

Markteinritts beeinflussen. Die zu untersuchenden Einflussfaktoren werden zunächst begrifflich erläutert und voneinander abgegrenzt, sowie Hypothesen über die vermuteten Wirkungszusammenhänge aufgestellt. Anschließend werden die gewonnenen Daten anhand einer Faktoren- und logistischen Regressionsanalyse statistisch aufbereitet und ausgewertet. Darauf aufbauend werden die signifikanten Variablen herausgestellt und inhaltlich interpretiert.

Der Schlussteil des Buches beinhaltet eine Zusammenfassung der Studie und fasst den Erkentnissbeitrag sowie die Implikationen für Praxis und Wissenschaft zusammen. Ergänzend wird auf die Restriktionen der Studie eingegangen, die bei der Interpretation der Ergebnisse bedacht werden müssen.

2 Definition der verwendeten Begriffe

Im folgenden Abschnitt, wird eine Unterscheidung zwischen ausländischen Direkt- gegenüber Finanz- oder Portfolioinvestitionen vorgenommen. Dies ist wichtig, da sich das Buch ausschließlich auf Direktinvestitionen fokussiert und infolgedessen diese Abgrenzung vorgenommen werden muss. Überdies werden die zwei Ansiedlungsformen der Direktinvestition – Greenfield Investment und Akquisition näher betrachtet und vergleichend bewertet.

2.1 Direktinvestitionen vs. Finanz- oder Portfolioinvestitionen

In der Literatur finden sich verschiedene Definitionen bezüglich des Begriffs der ausländischen Direktinvestition (vgl. Detscher 2006,

S.13). In diesem Buch wird unter einer Direktinvestition „a category of international investment made by a resident entity in one economy (direct investor) with the objective of establishing a lasting interest in an enterprise resident in an economy other than that of the investor (direct investment enterprise)" (IMF 2001, S.152) verstanden. Die Deutsche Bundesbank spricht auch von Kapitalanlagen, welche „vom Investor in der Absicht vorgenommen werden, einen unmittelbaren Einfluß [!] auf die Geschäftstätigkeit des kapitalnehmenden Unternehmens zu gewinnen, oder einem Unternehmen, an dem der Investor bereits maßgeblich beteiligt ist, neue Mittel zuzuführen" (Deutsche Bundesbank 1965, S.19). Der Variantenreichtum an verschiedenen Formen der Auslandsgesellschaften ist erheblich. Sie reichen von reinen Verkaufsniederlassungen bis hin zu Unternehmen, die eine ganze Wertschöpfungskette umfassen (vgl. Walldorf 1992, S.458ff.).

Sofern der Direktinvestitionsempfänger eine eigene Rechtspersönlichkeit besitzt, spricht man entweder von einer Tochtergesellschaft oder einem assoziierten Unternehmen. Die beiden Formen differenzieren sich über die Höhe der Beteiligung des ausländischen Investors. Bei assoziierten Unternehmen kontrolliert der nicht gebietsansässige Investor mindestens 10% aber höchstens 50% der stimmberechtigten Aktien. Hält der Auslandsinvestor hingegen einen Anteil von mehr als 50%, handelt es sich bei dem rechtsfähigen Unternehmen um ein Tochterunternehmen (vgl. OECD 1999, S.9). Im Gegensatz dazu spricht man bei einer Finanz- oder Portfolioinvestition von −„Finanzinvestitionen im Ausland, die allein und unmittelbar dem Interesse des Investors an der Rendite und Sicherheit entsprechen" (Braun 1988, S.7f.). Technisch betrachtet handelt es sich bei internationalen Portfolioinvestitionen um einen Forderungserwerb im Ausland zum Zweck der Kapitalanlage. Aufgrund ihrer kurzfristigen Anlagedauer sind sie, anders als Direktinvestitionen, als zinspflichtig zu betrachten (vgl. Jahrreiß 1984,

S. 26). Die eben aufgeführten Definitionen liegen diesem Buch zugrunde, da in der Literatur die Begriffe Direktinvestition und Portfolioinvestition häufig synonym verwendet werden. Da sie aber in der Regel von getrennten Investorengruppen arrangiert werden und hinzukommend von unterschiedlichen ökonomischen Größen determiniert werden, ist dessen ungeachtet eine Trennung dieser Formen des Kapitalexportes für den Verlauf dieser Studie obligatorisch (vgl. Jahrreiß 1984, S.27). Direktinvestitionen unterscheiden sich von Portfolioinvestitionen laut Dunning/Lundan (2008) insbesondere anhand zweier Gesichtspunkte. Portfolioinvestitionen beinhalten lediglich den Transfer von Kapitalressourcen, wohingegen Direktinvestitionen neben dem Kapital- auch den Ressourcentransfer von Anlagevermögen, Technologien, Mitarbeiter, Know-how, Werten und Normen umfassen (vgl. Jungmittag 1996, S.35; Welge/Holtbrügge 2006, S.57; Dunning/Lundan 2008, S.7). Desweiteren wird bei Direktinvestitionen, im Gegensatz zu Portfolioinvestitionen, die Existenz einer Kontrollabsicht des Investors unterstellt (vgl. Jahrreiß 1984, S.26). Diese kann durch die Neugründung einer Tochtergesellschaft, die Übernahme einer bestehenden Unternehmung oder durch eine entsprechend hohe Kapitalbeteiligung geschehen (vgl. Wagner 1991, S.109). Portfolioinvestitionen werden zumeist mittels des Erwerbs von Aktien, Obligationen, Immobilien- und Investmentfonds vorgenommen (vgl. Welge/Holtbrügge 2006, S.57). Ferner sind Direktinvestitionen, kurzfristig nicht reversibel und werden vom Ausdruck einer langfristig angelegten Unternehmensstrategien geprägt (vgl. Jahrreiß 1984, S.26f.). Ihnen wird folglich eine geringere Flexibilität im Verglich zu Portfolioinvestitionen zugesprochen (vgl. Cluse 1998, S.52). Im Gegensatz dazu sind Portfolioinvestitionen häufig kurzfristig ausgerichtet, da Renditemotive im Vordergrund stehen (vgl. Jahrreiß 1984, S.26).

Es zeigt sich, dass die Begriffe Direktinvestition und Portfolioinvestment zwar durch unterschiedliche Merkmale charakterisiert werden, jedoch nicht gänzlich als Gegensatzpaar aufgefasst werden dürfen, zumal auch Direktinvestitionen von Ertragsmotiven dominiert und somit auf der Basis von Portfolioüberlegungen vorgenommen werden können (vgl. Macharzina/Wolf 2005, S.699). Für den weiteren Verlauf dieses Buches werden die Begriffe Direktinvestition und Investition synonym verwendet. Eine weitere Differenzierung zwischen Direkt- und Portfolioinvestition wird als nicht relevant angesehen, da Portfolioinvestitionen nicht Gegenstand dieser Untersuchung sind.

2.2 Ansiedlungsformen

Generell kann bei der Wahl der Ansiedlungsform auf bereits bestehende Ressourcenbündel im Gastland zugegriffen werden (Akquisition[1]) oder es werden neue Ressourcenkombinationen erschaffen (Greenfield Investment[2]) (vgl. Welge/Holtbrügge 2006, S.107). Der Begriff Markteintrittsform wird in der Folge synonym mit dem Begriff der Ansiedlungsform verwendet. Im folgenden Abschnitt werden die einzelnen Formen der Ansiedlung näher betrachtet und kritisch gegenübergestellt.

2.2.1 Akquisition

Akquisitionen werden oftmals als eine Form des externen Wachstums bezeichnet, da sie auf der Anschaffung externer Ressourcen

[1]Akquisition und Unternehmenskauf werden im folgenden Verlauf der Arbeit synonym verwendet.
[2]Greenfield Investment und Unternehmensneugründung werden im folgenden Verlauf der Arbeit synonym verwendet.

beruhen (vgl. Zentes et al. 2006, S.279). Dies kann durch den Ankauf von Betrieben oder Unternehmungen geschehen, welche vom Staat, einem ausländischen Investor, einem institutionellen Anleger oder durch Ankauf von Streubesitz an der Börse erworben werden können (vgl. Pausenberger 1994, S.17; Gasparic-Fiember 2007, S.12). Im Regelfall wird bei einer Akquisition die rechtliche Selbstständigkeit des erworbenen Unternehmens beibehalten, was aus Marketingsicht bedeutet, dass der bisherige Marktauftritt und die praktizierte Form der Marktbearbeitung aufrechterhalten werden kann Alternativ dazu kann die Akquisition jedoch auch in eine Fusion münden, bei der das übernommene Unternehmen nicht nur seine rechtliche Eigenständigkeit, sondern auch seinen spezifischen bzw. individuellen Marktauftritt verliert (vgl. Zentes et al. 2006, S.280). Ein bereits etabliertes Unternehmen zu kaufen ist i.d.R. ein schneller Weg, die Präsenz einer Unternehmung auf einem ausländischen Markt auszubauen und wird häufig aus einem oder mehrerer der folgenden Gründe vollzogen (vgl. Lymbersky 2008, S.158):

- Die gewünschte Leistung kann nicht intern erzeugt werden (vgl. Zentes et al. 2006, S.279).
- Der Weg über externes Wachstum führt schneller, kostengünstiger und/oder risikoärmer zum Ziel (vgl. Zentes et al. 2006, S.279).
- Der Markt kann vor Wettbewerbern betreten werden (vgl. Lymbersky 2008, S.158).
- Eine Akquisition scheint aus Synergiegründen erfolgsversprechender zu sein (vgl. Zentes et al. 2006, S.279).

Markteintrittsbarrieren können nur durch eine Akquisition überwunden werden (vgl. Zentes/Swoboda 1997, S.226f.). Akquisitionen können hinsichtlich zahlreicher Kriterien weiter differenziert werden, im Rahmen dieses Buches wird hierauf jedoch nicht näher eingegangen.[3]

2.2.2 Greenfield Investment

In Abgrenzung zu Akquisitionen werden Greenfield Investments als Form des internen Wachstums bezeichnet (vgl. Zentes et al. 2006, S.279). Während Akquisitionen üblicherweise Ausdruck nicht vorhandener Ressourcen bzw. Kompetenzen sind, basiert die Neugründung von ausländischen Tochtergesellschaften auf einer ressourcenbasierten Sichtweise. Die Unternehmung ist in der Lage, ausländische Märkte auf diese Weise selbst zu bearbeiten (vgl. Zentes et al. 2006, S.281). Oftmals bevorzugen Unternehmen Greenfield Investments um unternehmensspezifische Vorteile, die nur schwer vom Unternehmen zu trennen sind, nicht mit Partnern teilen zu müssen (vgl. Hennart/Park 1993, S.1055ff.). Beispiele hierfür sind die Produktionsstätten von Audi im ungarischen Györ sowie BMW und Daimler im amerikanischen Spartanburg bzw. Tuscaloosa (vgl. Kutschker/Schmid 2006, S.881f.). Je größer die Unterschiede zwischen der Kultur des Heimat- und Gastlandes sind, desto eher wird eine Tendenz von Greenfield Investments gegenüber Akquisitionen beobachtet (vgl. Lymbersky 2008, S.157).

2.2.3 Bewertung der Ansiedlungsformen

Greenfield Investments überlassen dem Unternehmen, sowohl bei der Standortwahl als auch bei der Konfiguration der Wertkette,

[3] Vergleiche hierzu Kutschker/Schmid 2006, S.886ff.

einen größeren Entscheidungsspielraum (vgl. Scherm/Süß 2001, S.140; Welge/Holtbrügge 2006, S.132). Die speziellen Bedürfnisse und Anforderungen der Unternehmung können wesentlich zielgerichteter erfüllt werden als dies bei einer Akquisation der Fall ist. Zudem lassen sich neue Formen der Arbeitsorganisation sowie Produktions- und Dienstleistungskonzepte erheblich leichter implementieren als in bereits existierenden Unternehmen (vgl. Pausenberger 1994, S.19). Greenfield Investments sind insbesondere frei von jenen Verunsicherungen der Belegschaft, wie sie vielmals bei Übernahmen durch ausländische Unterneh- mungen auftreten (vgl. Pausenberger 1994, S.18). Aus strategischer Sicht kann die Unternehmung im Ausland jene Strategie verfolgen, die mit der Gesamtunternehmensstrategie kompatibel ist. Dies ist bei Akquisitionen oftmals nicht gegeben, da die bisher verfolgten Strategien nicht in kürzester Zeit verändert werden können und durch das sog. organisatorische Erbe unternehmenspolitische Innovationen erschwert werden (vgl. Welge/Holtbrügge 2006, S.133; Kutschker/Schmid 2006, S.883). Ein weiterer Vorteil des Greenfield Investments ist das Fernbleiben von Kosten und Zeitauf- wand, die bei der Suche nach geeigneten Übernahmekandidaten auftreten würden. Darüber hinaus erschweren, die durch die geographische Distanz verursachten Informationsprobleme, die Beurteilung der Stärken und Schwächen der ausländischen Unternehmung im Rahmen der Unternehmensbewertung erheblich (vgl. Berens et al. 2008, S.113ff.). Besonders bei der Akquisition von Unternehmungen in einem Transformations- und Entwicklungs- land wie Indien ist die Bewertung immaterieller Ressourcen wie z.B. Markenrechte, Lizenzen und Patente, als auch die Bestimmung des finanziellen Unternehmungswertes aufgrund unterschiedlicher Bewertungs- und Rechnungslegungsvorschriften sowie fehlender Publizitätspflichten häufig eine kaum lösbare Aufgabe (vgl. Schindler 2002, S.174ff.). Zudem erhöhen ungeklärte Eigentumsverhältnisse, nicht ausgewiesene Verpflichtungen sowie ökologische Altlasten das Risiko einer Unternehmensakquisition in diesen Ländern enorm (vgl. Holtbrügge/Boutler 2003, S.279ff.; Holtbrügge/Puck 2006, S.184). Überdies können durch eine Neugründung oftmals kartellrechtliche und behördliche Restriktionen umgangen werden (vgl. Welge/Holtbrügge 2006, S.132). Die Übernahme einer Unternehmung durch einen ausländischen Konzern wird zudem häufig von negativen Stimmen seitens der ansässigen Regierung und der Öffentlichkeit begleitet. Unternehmensneugründungen hingegen werden aufgrund der Schaffung zusätzlicher Arbeitsplätze fast überall befürwortet und oftmals durch öffentliche Gelder gefördert (vgl. Pausenberger 1994, S.18f.; Lymbersky 2008, S.157).

Nachdem die Vorteilhaftigkeit des Greenfield Investments betrachtet wurde, muss an dieser Stelle ebenso auf die Nachteile eingegangen werden. Ein erster Nachteil besteht darin, dass es keine Möglichkeit gibt, auf bereits vorhandene Absatz- und Beschaffungskanäle, erprobte Technologien und etablierte Organisations- und Mitarbeiterstrukturen zurückzugreifen (vgl. Welge/Holtbrügge 2006, S.132). Daraus erfolgt ein verzögerter Markteintritt, was insbesondere die Möglichkeit zur Abschöpfung von Pioniergewinnen schmälert, da Produktion und Absatz nicht sofort aufgenommen bzw. weitergeführt werden können (vgl. Root 1994, S.165). Anders als bei der Akquisition muss der Marktanteil erst sukzessiv erobert werden (vgl. Pausenberger 1994, S.17). Dennoch muss ein verzögerter Markteintritt nicht zwangsläufig von Nachteil sein. Bei kleinen Unternehmen mit geringer internationaler Erfahrung sowie in risikobehafteten Märkten ermöglicht ein verzögerter Markteintritt Lerneffekte, welche die schrittweise Erweiterung der Kapazitäten ermöglichen (vgl. Welge/Holtbrügge 2006, S.132). In schnell wachsenden Märkten gilt es jedoch, die Opportunitätskosten der Zeit zu minimieren und somit den Markteintritt zu beschleunigen (vgl. Hennart/Park 1993,

S.1058). In vielen Fällen ist bei Greenfield Investments ein höherer Kapitaleinsatz als bei Akquisitionen nötig (vgl. Welge/Holtbrügge 2006, S.132). Zumal besteht in Ländern, die durch eine mangelhafte Corporate Governance und einen ineffizienten Kapitalmarkt geprägt sind die Möglichkeit, dass viele Unternehmen unterbewertet sind und somit unter ihrem intrinsischen Wert erworben werden können (vgl. Gasparic-Fiember 2007, S.14). Solch ein „Lucky Buy" ist bei Greenfield Investments nicht möglich (vgl. Pausenberger 1994, S.17). Im Gegensatz zu Akquisitionen besteht bei Neugründungen keine Möglichkeit Ressourcen (z.B. Mitarbeiter, Rohstoffe und Technologien), die durch Marktineffizienz nur schwer zugänglich sind, zu sichern (vgl. Gasparic-Fiember 2007, S.13). Die Akquisition hingegen erlaubt es der Unternehmung, sich technologische Ressourcen anzueignen, welche ansonsten erst intern selbst entwickelt werden müssten (vgl. Prahalad/Hamel 1990, S.84; Hitt et al. 1996, S.1110). Ein weiterer Nachteil der Neugründung liegt in der Schaffung eines neuen Mitbewerbers und der damit einhergehenden Steigerung des Wettbewerbsdrucks (vgl. Pausenberger 1994, S.17; Kutschker et al. 2004, S.884).

3 Rahmenbedingungen für ausländische Direktinvestitionen

3.1 Marktattraktivität

"According to a Goldman Sachs report, India could become the second-largest economy in the world by 2050." (Ratanpal 2008, S. 353)

Seit der Einleitung der wirtschaftspolitischen Reformen im Juli 1991 befindet sich die indische Wirtschaft auf einem stabilen und stetigen Wachstumspfad (vgl. Geissbauer/Siemsen 1995, S. 14).

In den Jahren 2005 bis 2007 erreichte das Wirtschaftswachstum im Schnitt 9% und geht nun aufgrund der sich abschwächenden Weltkonjunktur voraussichtlich auf 6,6 zurück (vgl. Ihlau 2008, S. 3; CIA 2009). Im Zuge der Liberalisierung wurden 33 neue regionale Freihandelsabkommen abgeschlossen, welche bei der World Trade Organisation (WTO) angemeldet sind (vgl. Gosalia 2005, S.148). Im Vergleich zu China, das sich in den zurückliegenden Jahren als Produktionsstandort der westlichen Welt etablierte, hat sich Indien als „offshoring Ziel" im Dienstleistungssektor hauptsächlich im IT Bereich einen Namen gemacht (vgl. Henley 2004, S. 1047f.). Faktoren wie günstigere Produktionsmöglichkeiten, eine Vielzahl von hoch qualifizierten Arbeitskräften sowie ein riesiger Binnenmarkt mit circa 1,17 Milliarden Menschen, machen Indien als Zielland für ausländische Direktinvestitionen attraktiv (vgl. CIA 2009). In den letzten Jahren hat die Regierung zudem verschiedene Schritte unternommen, um Direktinvestitionen ausländischer Unternehmungen verstärkt anzuziehen. Darunter fallen Ausgaben für die Infrastruktur, wie Straßenbau, Luftfahrt und Telekommunikation, sowie die Lockerung gesetzlicher Vorschriften für ausländische Direktinvestitionen (vgl. Datamonitor 2008, S. 78). Laut einer Befragung der attraktivsten Investitionsziele der United Nations Conference on Trade and Development (UNCTAD) im Jahr 2005, ist Indien der Sprung auf Platz 2 gelungen. Mit nur 10% der ausländischen Direktinvestitionen Chinas, ist Indien jedoch noch weit von der Spitzenposition entfernt (vgl. Müller 2006, S.248f.). Beispielhaft sind Unternehmen wie die schwäbische Robert Bosch GmbH, welche im Jahr 2005 die Anzahl ihrer Entwickler in Bangalore um 1.000 auf 3.000 erhöht hat oder die Siemens AG, die über 5.000 Ingenieure in den Ballungsgebieten von Mumbai, Bangalore und Delhi beschäftigt (vgl. Müller 2006, S.40ff.).

	Bruttoinlands- produkt	BIP Wachstum pro Jahr	BIP pro Kopf	Anzahl der Arbeitskräfte	Arbeitslosen- quote
	(2008; in Mrd US$; basierend auf Kauf- kraftparitäten)	2008 (2007)	(2008; in US$; basierend auf Kauf- kraftparitäten)	(2008; in Mio; Rang in Klammern)	(2008)
Indien	3.267	6,6% (9%)	2.800	523,5 (2)	6,8%
China	7.800	9,8% (13%)	6.000	807,7 (1)	4,0%
Deutschland	2.863	1,3% (2,5%)	34.800	43,62 (14)	7,9%
USA	14.290	1,3% (2%)	47.000	155,2 (4)	7,2%

Tabelle 1: Ökonomischer Vergleich Indiens mit führenden Industrienationen
(Quelle: Eigene Darstellung in Anlehnung an CIA World Factbook
2009)

Wie Tabelle 1 zu entnehmen ist, zeichnet sich die indische Wirtschaft
insbesondere durch ihr hohes Wachstum und die große Anzahl an
Arbeitskräften aus. Weitere Faktoren, die das zukünftige Wachstum
unterstützen werden, sind:

- Die vergleichsweise geringe Inflationsrate (7,8% im Jahre 2008)
  (vgl. CIA 2009): Wie in den meisten anderen aufstrebenden
  Entwicklungsländern, ist mit dem Wirtschaftswachstum zumeist
  auch eine steigende Inflationsrate verbunden. Die Reserve
  Bank of India (RBI) versucht jedoch seit 2004 mit präventiven
  geld- und fiskalpolitischen Maßnahmen diese einzudämmen
  um sie mittelfristig auf einem Niveau von 4,0% - 4,5% zu stabi-
  lisieren (vgl. Datamonitor 2008, S.82).
- Ein stabiler Indischer Rupie: So hat sich der Wechselkurs im
  Verhältnis zum US Dollar in den zurückliegenden fünf Jahren
  mit Ausnahme einer Phase des Abwertens Ende 2007, Anfang
  2008 relativ gefestigt gezeigt (vgl. Yahoo Finance 2009).
- Ein geringes und stabiles Leistungsbilanzdefizit: Das aktuelle
  Leistungsbilanzdefizit beträgt ca. 1% -1,5% des BIP über die
  nächsten drei Jahre. Dies ist für ein Schwellenland sehr gut, da
  diese i.d.R. höhere Investments als Ersparnisse aufweisen (vgl.
  Datamonitor 2008, S.75).

Diese und weitere Faktoren beachtend, sollte das Land in der Lage sein, den Wachstumspfad auch in den kommenden Jahren erfolgreich zu beschreiten und somit für ausländische Direktinvestitionen weiterhin attraktiv bleiben.

3.2 Hindernisse für Direktinvestitionen

Laut einer Umfrage der Deutsch Indischen Außenhandelskammer im Jahr 2009, erwarten deutsche Manager vor allem in den Bereichen Infrastruktur, Bürokratie, Korruption und Zollschranken erheblich größere Anstrengungen seitens der indischen Regierung (vgl. Deutsch-Indische Handelskammer 2009). Die Infrastruktur ist nach wie vor mangelhaft und bedarf großer Investitionen in den kommenden Jahren (vgl. Wamser 2005, S.70). Elektrizität, Wasser und Transportmöglichkeiten sind nur in unzureichendem Maße vorhanden und teurer als in den meisten asiatischen Ländern (vgl. Schilling/Gerhardt 2007, S.24). Zurückzuführen ist dies auf die starke Position der Staatsunternehmen in diesen Bereichen und die langen Entscheidungsprozesse, sodass kaum ausländisches Know-how mit einfließen kann (vgl. Schilling/Gerhardt 2007, S.24; Vermeer/Neumann 2008, S.56). In den Bereichen Telekommunikation sowie Luft- und Seeverkehr hat sich durch die Zulassung privater Anbieter das Angebot in den letzten Jahren dennoch verbessert (vgl. Schilling/Gerhardt 2007, S.24). Auch im Straßenverkehr sind Verbesserungen durch das sog. „Golden Quilateral" Projekt zu erwarten, welches eine Anbindung der vier großen Städte Delhi, Mumbai, Chennai und Kolkate gewährleistet (vgl. Klinger-Paul 2006, S.27). Allein in den letzten zehn Jahren hat Indien etwa vier Milliarden Euro in den Straßenbau investiert, was allerdings im Vergleich zum errechneten Investitionsbedarf bis 2010 von 30 Milliarden und dem Investitionsvolumen Chinas von 38 Milliarden eher bescheiden wirkt (Gillmann et al. 2006; Vermeer/Neumann 2008, S.58). Anders als China wird es Indien kaum gelingen, ausreichend gute Straßen und Flughäfen perspektivisch auf künftiges Wachstum zu erschaffen (vgl. Müller 2006, S.168). Neben den Verkehrswegen ist die Energieversorgung ein weiteres Hemmnis für ausländische Direktinvestitionen. Der landesweite Energiebedarf liegt 12% über der Erzeugerkapazität, was häufige Stromausfälle zur Folge hat (vgl. Müller 2006, S.170). Gründe dafür sind u.a. die starke Regulierung des Energiesektors sowie illegal abgeführte Strommengen, welche in Delhi bis zu 50% ausmachen können. (Vermeer/Neumann 2008, S.56). Diesen Gründen folgend, haben sich ausländische Investoren bisher im Energieversorgungsbereich zurückgehalten und sind seit den Erfahrungen von Enron vorsichtiger geworden (vgl. Ahluwalia 2002, S.79).[4]

Weitere Investitionshemmnisse sind die ausufernde Bürokratie und die damit einhergehende Korruption (vgl. Müller 2006, S.173). So benötigt es laut einer Studie der Weltbank i.d.R. 10 Anträge und durchschnittlich 90 Tage, um ein neues Unternehmen in Indien zu gründen. Ausländische Unternehmen vertrauen hinsichtlich der bürokratischen Abwicklung dabei gerne auf ihren lokalen Joint Venture Partner und/oder indischen Partnern (vgl. Henley 2004, S.1048f.). In einer weiteren Studie der Federation of Indian Chambers of Commerce and Industry (FICCI) stuften 88% der befragten ausländischen Investoren die Bürokratie und die lang-wierigen Genehmigungsverfahren als großes Hindernis ein. Ein

---

[4] Enron steht für das einzige signifikante Kraftwerkprojekt Indiens mit ausländischer Beteiligung, welches in einem politischen und wirtschaftlichen Debakel endete. Nach Fertigstellung eines der modernsten Gasheizkraftwerke der Welt, wollte die Regierung von Maharashta die Verträge der Vorgängerregierung nicht mehr anerkennen und der Investor Enron stieg aus dem Projekt aus. Die imposanten Kraftwerke sind heute eine Bauruine (vgl. Vermeer/Neumann 2008, S.56).

noch größerer Anteil von 93% sahen es als mühsam an, sich durch die Vielzahl an administrativen Kontrollen und Regelungen arbeiten zu müssen, welche oftmals mit erheblichen Zeitverzögerungen und einer Erhöhung der Plankosten einhergehen (vgl. Kundu 2005, S.11). Um behördliche Genehmigungsverfahren zu beschleunigen und möglichen Kontrollen aus dem Weg zu gehen, ist deshalb das Mittel der Korruption in Indien weit verbreitet (vgl. Bertelsmann Stiftung 2008). Korruption ist bei Weitem keine Ausnahme mehr, Inder sind es gewohnt, auf jeder Ebene des öffentlichen Lebens Bestechungs- gelder zahlen zu müssen (vgl. N.N. 2001, S.47).

Die vergleichsweise hohen Zollschranken Indiens erschweren aus- ländischen Investoren ebenfalls Güter auf dem internationalen Markt zu beschaffen. Die Zolltarife sind zwar in den letzten Jahren aufgrund der Erfordernisse der World Trade Organization (WTO) gesunken, jedoch besitzt Indien noch immer mitunter die höchs- ten Importtarife der Welt (vgl. Bender 2006, S.43; Klinger-Paul 2006, S.28). Neben der Höhe der Zölle ist die administrative Abwicklung der Einfuhren ein Problem. Ohne Hilfe von indischen Experten ist das Durcheinander an Bestimmungen und Einfuhrtarifen für Auslän- der kaum zu durchschauen (vgl. Klinger-Paul 2006, S.28).

3.3 Rechtliche Rahmenbedingungen

Bis zur Öffnung der indischen Wirtschaft im Jahre 1991 wurden aus- ländische Unternehmen durch eine Vielzahl von Regularien und Bestimmungen von Investitionen in Indien abgehalten. Seit dieser Zeit findet eine schrittweise Liberalisierung durch vereinfachte Genehmigungsverfahren und den Wegfall der meisten sog. „Industrie- lizenzen" für produzierende Unternehmen statt (vgl. Wörlein/Chatterji

2007, S.56). Derzeit sind ausländische Direktinvestitionen nur in den Bereichen Atomenergie, Lotterien, Wettbüros, Landwirtschaft und Einzelhandel völlig untersagt. Bei den beiden Letztgenannten bestehen allerdings Ausnahmen. Beispielsweise im Bereich Biotechnologie der Landwirtschaft und Unternehmen, welche nur eine einzige Marke (Single Brand Retailing) im Einzelhandel vertreiben (vgl. Wörlein/Chatterji 2007, S.59). Desweiteren ist für folgende fünf Wirtschaftsbereiche, die strategische, soziale und/oder ökologische Bedeutung aufweisen, die Beschaffung einer gesonderten Lizenz erforderlich, welche jedoch für ausländische und indische Investoren gleichermaßen obligatorisch ist (vgl. Bender 2006, S.40; Wörlein/Chatterji 2007, S.58). Darunter fallen die Herstellung alkoholischer Getränke, Tabakwaren und Tabakersatzstoffe, Raumfahrt und Militärindustrie, jegliche explosiven Stoffe sowie die Herstellung gefährlicher Chemikalien. Die Herstellung von Arzneimitteln wurde im September 2005 von der Lizenzierungspflicht entbunden (vgl. Wörlein/Chatterji 2007, S.58).

Für das Genehmigungsverfahren ausländischer Direktinvestitionen mit einer 100%-igen Beteiligungshöhe liegt die Zuständigkeit seit dem Jahr 2000 bei der Reserve Bank of India (RBI), sofern kein gesetzlich normierter Sonderfall vorliegt. Es kann insofern zwischen zwei Verfahren unterschieden werden, über die eine Genehmigung der Direktinvestition erfolgt (vgl. Wörlein/Chatterji 2007, S.57f.).

a) Automatisches Verfahren „Normalfall" (Automatic Approval Route)

Die Gesellschaft wird nach der Auswahl ihres Namens in das indische Gesellschaftsregister (Companies' Register) eingetragen. Eine vorherige Genehmigung wird hierfür nicht benötigt, allerdings ist die RBI innerhalb der ersten 30 Tage nach der Einbringung des ausländischen Kapitals und der Ausgabe der Gesellschaftsanteile zu informieren. Dieses Verfahren gilt unabhängig von der Höhe der Beteiligung für alle ausländischen Direktinvestitionen, es sei denn, dass ein oder mehrere der folgenden Ausnahmefälle auftreten:

- Das Vorhaben ist explizit dem Einzelgenehmigungsverfahren vor dem Foreign Investment Promotion Board (FIPB) unterworfen, z. B. Post- und Kurierdienste.
- Die Beteiligung übersteigt den Anteil von 24% in Sektoren, die der Kleinindustrie vorbehalten sind.
- Der ausländische Investor bezweckt, ein neues Investment in eine Gesellschaft oder den Abschluss eines Vertrages über technische Zusammenarbeit mit einem indischen Partner, besitzt aber bereits ein Joint Venture, einen Technologietransfer- oder Markenlizenzvertrag in Indien auf demselben Gebiet.
- Es bestehen sektorspezifische Beteiligungsgrenzen, und diese sollten überschritten werden (vgl. Wörlein/Chatterji 2007, S.57f.).[5]

b) Einzelgenehmigungsverfahren „Sonderfall" (Specific Approval Route)

Dieses Verfahren kommt zum Einsatz, sobald ein oder mehrere der o.a. Ausnahmefälle auftreten. Hierbei muss jede ausländische Direktinvestition einzeln durch die FIPB geprüft und genehmigt werden. Zu Problemen kommt es häufig bei Fällen, bei denen ein Antragssteller bereits ein Joint Venture, einen Technologietransfer- oder Markenlizenzvertrag in Indien besitzt und auf demselben Gebiet wie das bestehende Engagement eine Investition tätigen will. In diesem Fall hat der Investor eine Erklärung über das Einverständnis des indischen Partners vorzulegen, die dieser oftmals nur gegen Geld abgibt (vgl. Wörlein/Chatterji 2007, S.58). Auslän-

---

[5] Eine Übersicht sektorspezifischer Beteiligungsgrenzen kann Bender 2006, Anhang A entnommen werden.

dischen Unternehmen, die eine Kapitalgesellschaft gründen wollen, stehen die Rechtsformen Private Limited Company sowie Public Limited Company zur Verfügung. Die Hauptunterschiede bestehen zum einen im geforderten Mindeststammkapital sowie der Mindest-anzahl der Gesellschafter, wobei beide Anforderungen bei der Private Limited Company geringer sind. Überdies ist die Public Limi-ted Company strengeren gesetzlichen Vorschriften und Kontrollen unterworfen und wird daher von ausländischen Investoren seltener als Rechtsform gewählt (vgl. Wörlein/Chatterji 2007, S.63).

Ergänzend bietet sich für Unternehmen, die einen starken inter-nationalen Bezug aufweisen, die Ansiedlung in einer Sonder-wirtschaftszone (SEZ) oder die Gründung eines exportorientierten Unternehmens (EOU) an. SEZ zeichnen sich insbesondere durch eine gute Infrastruktur, ein unbürokratisches Umfeld sowie reduzierte Steuern und Zölle aus (vgl. Gayathri 2007, S.37). Voraus-setzung für die Ansiedlung ist, dass das potentielle Unternehmen Nettodevisenverdiener sein muss (vgl. Bender 2006, S.48). Export-orientierte Unternehmen sind industrielle Unternehmen, die in ganz Indien angesiedelt sein können und ihre gesamte Produktion exportieren. Vorteile sind u.a. die zollfreie Einfuhr von Anlagegütern, eine Steuerbefreiung für die ersten 10 Jahre und die Rückerstattung der Umsatzsteuer (vgl. ICON Group 2003, S.201).

„Zusammenfassend bietet die Rechtsform des EOUs oder die Gründung in einer SEZ einen großen Gestaltungsspielraum. Beides sind moderne Möglichkeiten der Gestaltung des Investments. Für einige Bereiche stehen zudem besondere Parks zur Verfügung, so für Unternehmen der Informationstechnologie und Hightech- oder Biotechnologieunternehmen." (Gupta et al. 2007, S.72)

3.4 Gewerblicher Schutz

Lange Zeit wurde der Schutz geistigen Eigentums in Indien durch politische Interessen beeinflusst (vgl. Chidambaram et al. 2007, S.81). Doch insbesondere durch den Beitritt zur WTO und die Unterzeichnung des General Agreement of Tariffs and Trade (GATT) Abkommens, ist Indien verpflichtet die Mindestbestimmungen zum Schutz des geistigen Eigentums einzuhalten.

a) Patente

Das Patentrecht bietet schon seit längerer Zeit ausreichend Schutz für patentierte Prozesse, nicht jedoch für patentierte Produkte (vgl. ICON Group 2003, S.198). Erst mit dem Inkrafttreten des Amendment Act im Jahre 2005 wurden Produktpatente auf chemische Substanzen, Nahrungsmittel, Medikamente und Software anerkannt (vgl. Chidambaram et al. 2007, S.81).

b) Markenrecht

Das nationale indische Markenamt wurde 1940 gegründet und bietet seit der Erweiterung im Jahre 2003 einen umfassenderen Schutz bei der Eintragung von Waren, Dienstleistungen und bekannten Marken (Well-known Trademarks) (vgl. Chidambaram et al. 2007, S.82; Office of the Registrar of Trade Marks 2009). Eine internationale Markenregistrierung ist jedoch nicht möglich, da Indien kein Mitglied des Madrider Markenprotokolls ist (Chidambaram et al. 2007, S.82; Transpatent 2009).

c) Urheberrecht

Indien hat effektive Urheberrechtsgesetze, jedoch ist deren Durchsetzung oft mangelhaft (vgl. ICON Group 2003, S.198). Das Gesetz wurde 1957 erlassen und ist seitdem fünf Mal korrigiert worden (vgl. Copyright Office 2009). Es ist sowohl konform mit den Bestimmungen der Berner Konvention, als auch mit denen der Genfer Konvention für den Schutz von Produzenten von Phonogrammen und der Universal Copyright Convention. Desweiteren ist Indien Mitglied der World Intellectual Property Organisation (WIPO) in Genf (vgl. Bender 2006, S.53).

d) Schutz von vertraulichen Informationen und Know-how

Um zu verhindern, dass sensible Unternehmensdaten, technisches Wissen und andere Geschäftsgeheimnisse an Dritte weitergegeben werden, werden vor Beginn der Verhandlungen zwischen dem ausländischen Investor und den potentiellen indischen Partnern regelmäßig Vertraulichkeits- und Verschwiegenheitsvereinbarungen für den Zeitraum während und auch nach Ablauf der Vereinbarung geschlossen (vgl. Chidambaram et al. 2007, S.82). Die indische Judikative setzt diese Verträge bei Vertragsbruch durch, jedoch ist die Verfahrensdauer oft langwierig, für den ausländischen Investor kann deshalb die Vereinbarung einer Schiedsklausel vorteilhaft sein (vgl. Chidambaram et al. 2007, S.83f.).

3.5 Finanzierung

Indien, wie auch andere Entwicklungs- und Schwellenländer, hat den Zu- und Abfluss finanzieller Mittel zur Finanzierung von Investments nicht komplett freigegeben. Ein ausländischer Investor benötigt i.d.R. nur ein geringes Stammkapital von meist unter 10.000 Euro. Im Gegensatz zur Volksrepublik China existiert in Indien keine Mindesteigenkapitalquote (Thin Capitalization Rules). Es

werden jedoch häufig Unternehmen mit einer höheren Eigenkapital-
beteiligung gegründet, da das Stammkapital in voller Höhe als
arbeitendes Kapital verwendet werden kann und die Erhöhung
des Eigenkapitals problemlos möglich ist. Hinsichtlich der Fremd-
kapitalfinanzierung können kurzfristige Kredite mit einer Laufzeit
bis zu einem Jahr jederzeit aufgenommen werden. Dies ist jedoch
für die Aufnahme in indische Rupien beschränkt, Devisenkredite
stehen für diesen Zweck nicht zur Verfügung. Langfristige Kredite
können hingegen auch in Devisen aufgenommen werden, allerdings
nur innerhalb eines bestimmten Rahmens (vgl. Gupta/Ruppert
2007, S.74).

„Gestattet ist die Aufnahme von Fremdwährungsdarlehen nur zur
Finanzierung des Anlagevermögens, also der langlebigen Wirt-
schaftsgüter des Unternehmens, oder zur Modernisierung und
Ausweitung der Produktion sowie zur Realisierung neuer Projekte."
(Gupta/Ruppert 2007, S.74)

3.6 Der indische Arbeitsmarkt

3.6.1 Arbeitskräfte

Die Verfügbarkeit an kompetenten einheimischen Führungskräften
ist für jede ausländisch operierende Unternehmung von höchster
Bedeutung und in einem Schwellenland wie Indien besonders
wichtig (vgl. Wamser 2005, S.246). Indien besitzt nach der Anzahl der
tertiären Bildungseinrichtungen über das größte System höherer
Bildung weltweit (vgl. Betz 2007, S.23). Dennoch besuchen nur circa
7% eines Altersjahrgangs eine Hochschule, in Industrienationen sind
es dagegen etwa 50% eines Jahrgangs (vgl. Bossmann 2007, S.7). Es

besteht darüber hinaus ein großes Gefälle innerhalb des Hochschul-systems. Indien besitzt ausgezeichnete technische Elitehochschulen sowie neun der 50 besten wirtschaftswissenschaftlichen Fakultäten weltweit (vgl. Wamser 2005, S.248f.). Demgegenüber steht eine große Zahl von Hochschulen, deren internationales Renommee und Bildungsniveau nur begrenzt die Ansprüche internationaler Unternehmen decken können (vgl. Betz 2007, S.23). Die Verfügbar-keit, als auch das Angebot an verschiedenen Fähig- und Fertigkeiten der indischen Arbeitskräfte, wird von deutschen Unternehmen als hervorragend eingestuft und unterscheidet sich darin positiv von anderen asiatischen Ländern wie z.B. China. Ein weiterer Vorteil besteht in der Tatsache, dass Indien die größte englischsprachige Nation der Welt ist, was für ausländische Investoren eine erhebliche Erleichterung darstellt. Ergänzend bietet das Land ein Potential von über vier Millionen akademisch und technisch ausgebildeten Menschen, deren niedrige Lohnkosten attraktiv für ausländische Unternehmen sind (vgl. Wamser 2005, S.245ff.). Zudem muss an dieser Stelle erwähnt werden, dass das Lohnniveau in Indien, international betrachtet, zu den niedrigsten zählt (vgl. Wamser 2005, S.246). Nichtsdestotrotz wird der Wettbewerb um qualifizierte Hochschulabsolventen und Arbeitskräfte durch die Zunahmen der ausländischen Investitionen in den nächsten Jahren voraussichtlich weiter verschärft, was zu einer Lohn- und Gehaltssteigerung führen wird. Gleichzeitig wird durch die große Anzahl an Erwerbsfähigen ein niedriges Lohnniveau bei schlecht qualifizierten Arbeitskräften erhalten bleiben (vgl. Vermeer/Neumann 2008, S.54). Nachteilig am indischen Arbeitsmarkt sehen viele Unternehmen den Ge-werkschaftseinfluss sowie die später genannten Arbeitsgesetze. Traditionell besitzen Gewerkschaften in Indien ein hohes politisches und gesellschaftliches Gewicht (vgl. Wamser 2005, S.250). Die hohe Anzahl an Gewerkschaften und die daraus resultierende Rivalität führt oftmals zu überzogenen Lohnforderungen und Streiks. So nimmt Indien in einer internationalen Streikstatistik von 1999 den zweiten Platz hinter Südkorea ein (vgl. Süß 2009, S.24). In den letzten Jahren sind die Gewerkschaften jedoch nicht mehr in diesem Ausmaß militant aufgetreten wie dies noch vor der Liberalisierung und zu Beginn der 1990er Jahre der Fall war (vgl. Titus & Co 2007, S.133).

3.6.2 Arbeitsrecht

Der indische Arbeitsmarkt basiert auf einem dualen Regelungssystem, d.h. er unterscheidet sich in einen organisierten und einen unorganisierten Sektor (vgl. Bhat/Kunze 2007, S.76). Dem unorganisierten Sektor gehört die Mehrzahl der indischen Arbeitskräfte an. Darunter fallen hauptsächlich billige Arbeitskräfte, Tagelöhner und all diejenigen, die keine feste Anstellung besitzen (vgl. Vermeer/Neumann 2008, S.54). Ein Großteil der Arbeitsgesetze findet nur im organisierten Sektor Anwendung (vgl. Bhat/Kunze 2007, S.76). Dieser umfasst i.d.R. Unternehmen, die mindestens zehn Arbeitnehmer beschäftigen oder anders ausgedrückt, all diejenigen die über eine feste Anstellung verfügen und ein regelmäßiges Einkommen aufweisen (vgl. Bhat/Kunze 2007, S.76; Vermeer/Neumann 2008, S.54). Die Arbeitnehmer des organisierten Sektors genießen einen hohen Schutz durch die indische Arbeitsgesetzgebung (vgl. Wamser 2005, S.254). In den insgesamt 45 verschiedenen Arbeitsgesetzen, die teilweise chaotisch und kontradiktorisch sind und sich gegenseitig überschneiden, werden alle arbeitsrechtlichen Belange detailliert aufgeführt (vgl. Süß 2009, S.23). Die Einstellung indischer und ausländischer Arbeitnehmer kann ohne Arbeitsvermittlungsgesellschaften oder anderen Institutionen, wie dies etwa in China der Fall ist, vorgenommen werden. Die Kündigung von Arbeitsverhältnissen kann nur aus person-, verhaltens- und betriebsbedingten Gründen geschehen und ist damit grundsätzlich mit den deutschen Regelungen vergleichbar. Betriebsbedingte Kündigungen dürfen jedoch nur mit behördlicher Genehmigung bei Unternehmen mit mehr als 100 Beschäftigten oder einer schriftlichen Ankündigung an die Behörde für kleinere Unternehmen vorgenommen werden (vgl. Bhat/Kunze 2007, S.77). Diese Genehmigung wird nur äußerst selten erteilt, was praktisch zu einer Unkündbarkeit des Arbeitnehmers führt. Dadurch verhalten sich Unternehmen bei Neueinstellungen oftmals sehr zurückhaltend, da es in wirtschaftlich schwächeren Phasen sehr schwierig ist, Mitarbeiter zu entlassen (vgl. Bender 2006, S.45f.).

3.7 Kulturelles Umfeld

Kulturelle Faktoren können bei der Wahl der Investitionsentscheidung eine tragende Rolle spielen wie dies verschiedene Studien gezeigt haben (vgl. Kogut/Singh 1988; Brouthers, K.D./Brouthers, L.E.

	Power Distance (Rang in Klammern)	Individualism (Rang in Klammern)	Masculinity (Rang in Klammern)	Uncertainty Avoidance (Rang in Klammern)	Long-Term Orientation (Rang in Klammern)
Indien	77 (10)	48 (21)	56 (21)	40 (45)	61 (7)
Weltweiter Durchschnitt	56,5	42	51	65	48

Tabelle 2: Kulturelle Ausprägungen Indiens nach den Dimensionen von Hofstede
(Quelle: Eigene Darstellung in Anlehnung an Hofstede 2009; Rothlauf 2006, S. 37)

2000; Tihanyi et al. 2005). In der Literatur existieren unterschiedliche Modelle, die versuchen, der Komplexität des Kulturbegriffs gerecht zu werden. Das wohl bekannteste Modell zur Kulturforschung im internationalen Management stammt dabei von Geert Hofstede (vgl. Rothlauf 2006, S.29).[6]

Tabelle 2 zeigt, dass Indien die höchste Ausprägung bei der Dimension „Power Distance" besitzt, was auf eine ungleiche Verteilung von Macht und Wohlstand innerhalb der indischen Gesellschaft schließen lässt. Dies führt jedoch nicht zwangsläufig zu gesellschaftlichen Konflikten, sondern wird eher als kulturelle Norm seitens der Bevölkerung akzeptiert. Am geringsten ausgeprägt ist die Dimension „Uncertainty Avoidance", dies bedeutet, dass Regeln und Bestimmungen, die als Bestrebung zur Verhinderung nicht vorhersehbarer oder unbekannter Situationen dienen sollen, eine untergeordnete Rolle innerhalb der Gesellschaft spielen. Die Kultur des Landes ist unstrukturierten Ideen und Situationen eher aufgeschlossen als dies in Kulturen mit einer höheren Punktzahl der Fall ist. Desweiteren ist hervorzuheben, dass die „Long Term Orientation" in Indien stark ausgeprägt ist (vgl. Hofstede 2009). Dies kann als Indikator einer pragmatischzukunftsgerichteten Denkweise gedeutet werden (vgl. Rothlauf 2006, S.33). Neben der kulturellen Einordnung in Modelle wie das von Hofstede, existieren in Indien weitere kulturspezifische Einflussfaktoren, die für das Tätigen einer Direktinvestition von Relevanz sind. Allerdings wird an dieser Stelle von tiefergehenden Analysen Abstand genommen, da in dieser Studie nicht die inhaltlichen Ergebnisse hinterfragt werden, sondern nur generell getestet wird, ob die kulturelle Distanz einen Einfluss auf die gewählte Markteintrittsform hat.[7]

---

[6]Genauere Informationen zum Aufbau der Studie, der Beschreibung der Dimensionen und Kritik können aus Rothlauf 2006, S.29ff. entnommen werden.
[7]Eine detaillierte Beschreibung kultureller Einflussfaktoren ist in Vermeer/Neumann 2008, S.71ff. zu finden.

4 Theorien der Direktinvestition zur Wahl internationaler Markteintrittsstrategien

Seit den 1970er Jahren werden Theorien aufgestellt, die das Zustandekommen von internationalen Direktinvestitionen zu erklären versuchen (vgl. Welge/Holtbrügge 2006, S.58). Desweiteren konnte in den letzten 20 Jahren neben den stark wachsenden Foreign Direct Investment (FDI) Strömen, ein sprunghafter Anstieg der Veröffentlichungen über internationale Direktinvestitionen festgestellt werden, welche die Relevanz des Themengebietes aufzeigen (vgl. UNCTAD 2005, S.4 ff.; Gasparic-Fiember 2006, S.67). Es existiert bislang jedoch keine allgemeingültige Theorie. Die unterschiedlichen Erklärungsansätze ergänzen sich gegenseitig, um die empirisch relevanten Aspekte der Direktinvestitionen abzudecken (vgl. Perlitz 2004, S.101). Die bestehenden Theorien lassen sich auf erster Ebene in ökonomische und verhaltensorientierte Erklärungsansätze und auf zweiter Ebene in eine statische und dynamische Betrachtung des Internationalisierungsprozesses unterscheiden (vgl. Welge/Holtbrügge 2006, S.59).[8]   Im Folgenden wird die Internalisierungstheorie von Buckley/Casson (1976), welche sich laut einstimmiger Meinung sehr gut dazu eignet, die Ansiedlungsformen voneinander abzugrenzen, herangezogen. Die eklektische Theorie der internationalen Produktion von Dunning (1977; 1980; 1988), welche einen umfassenden Ansatz zur Erklärung von Markteintrittsformen liefert, wird ebenso auf die Forschungsfrage dieses Buches bezogen und näher betrachtet.

---

[8] Eine Übersicht über die Theorien der internationalen Direktinvestition kann z.B. aus Welge/Holtbrügge 2006, S.58; Gasparic-Fiember 2007, S.71f. entnommen werden.

4.1 Internalisierungstheorie von Buckley/Casson

Die Internalisierungstheorie von Buckley/Casson (1976) basiert auf dem Transaktionskostenansatz von Coase (1937) und dem Markt-Hierarchie-Paradigma von Williamson (1975). Grundlage ist die Annahme, dass Unternehmungen prinzipiell zwei Möglichkeiten haben, internationale Transaktionen durchzuführen. Dies kann entweder extern über den Markt (Lizenzen) oder unternehmensintern über die Hierarchie (Exporte, Direktinvestitionen) geschehen (vgl. Welge/Holtbrügge 2006, S.73). Die Wahl der Internationalisierungsform geschieht dabei abhängig von den Transaktions- und Koordinationskosten (vgl. Welge/Holtbrügge 2006, S.79). Sind die intern verursachten Transaktionskosten dabei geringer als die über den Markt anfallenden Koordinationskosten, so geschieht die Internationalisierung unternehmensintern (vgl. Hennart 1982, zit. in Welge/Holtbrügge 2006, S.74). Die Höhe der Transaktionskosten ist dabei abhängig von der Spezifität, der Unsicherheit und der Häufigkeit von Transaktionen (siehe Abb.2) (vgl. Williamson 1975, S.239ff.).

Markteintrittsstrategie			
...vorteilhaft, wenn	Vollbeherrschtes Unternehmen	Joint Venture	Export
Spezifität der Investition	hoch	hoch	gering
Unsicherheit	hoch	mittel	gering
Häufigkeit	hoch	niedrig	hoch

Abbildung 2: Transaktionskosten und Markteintrittsstrategie (Quelle: Nienaber 2003, S. 73)

Die Internalisierungs- bzw. Transaktionskostentheorie wurde bereits in vielen Studien bzgl. Markteintrittsentscheidungen angewandt und konnte zu deren Erklärungsgehalt beitragen (vgl. Anderson/Coughlan 1987; Erramilli/Rao 1993; Andersson/Svensson 1994;

Makino/Neupert 2000; Meyer 2001; Brouthers 2002; Dong et al. 2008). Die meisten Aspekte beziehen sich hierbei auf die Erklärung der Auswahl zwischen Transaktionen über den Markt und unternehmensinternen Formen. Die Unterscheidung zwischen Greenfield Investments und Akquisitionen anhand der Transaktionskosten ist um ein vielfaches aufwändiger.

Die Implikationen des Transaktionskostenansatzes für die Wahl der Ansiedlungsform hängen größtenteils von der Gegenüberstellung der Transaktionskosten und dem entsprechenden Nutzen zwischen Greenfield Investment und Akquisition ab. So beeinflussen laut Buckley/Casson (1998)

- die Marketingkosten, welche die Unternehmung veranschlagen muss, um sich Marktwissen anzueignen,
- die Adaptionskosten, um die Produkte an lokale Präferenzen anzupassen sowie
- die Marktstruktur, um auf Vertriebs- und Beschaffungskanäle zurückzugreifen

die Höhe der Transaktionskosten. Hinsichtlich der Marktstruktur sind Akquisitionen im Allgemeinen die bevorzugte Ansiedlungsform, so lange nicht durch die Adaptionskosten die Transaktionskosten gegenüber Greenfield Investments höher sind (vgl. Görg 2000, S.173). Hennart/Park (1993) sprechen von firmenspezifischen Vorteilen, welche mit lokal verfügbaren Gütern kombiniert werden und daraus wettbewerbliche Vorteile für die investierende Unternehmung entstehen lassen. Die Art und Höhe dieser Vorteile entscheiden bzgl. der Wahl zwischen Greenfield Investment und Akquisition (vgl. Hennart/Park 1993, S.1055f.). Dabei unterscheiden sie zwischen firmenspezifischen Vorteilen, die auf überlegene organisatorische Fähigkeiten und technischem Wissen beruhen, welche von der

Unternehmung separiert werden können und solchen Vorteilen, die mit den Arbeitnehmern der Unternehmung verbunden sind (vgl. Hennart/ Park 1993, S.1056). Bei Vorliegen von firmenspezifischen Vorteilen spricht dies für die Betätigung einer Akquisition, da diese leicht von einem investierenden Unternehmen übernommen und integriert werden können. Vorteile hingegen, die unmittelbar mit einem Unternehmen verknüpft sind, können nur sehr schwer auf das investierende Unternehmen übertragen werden. Diese Transaktionskosten treffen insbesondere auf forschungs- und entwicklungsintensive Unternehmen zu. Hierbei empfiehlt sich die Durchführung von Greenfield Investments (vgl. Hennart/Park 1993, S.1056f.). Zum gleichen Ergebnis führte die Studie von Müller (2007) die zeigt, dass Akquisitionen durchgeführt werden, sobald die zu übernehmenden Technologien vergleichbar mit denen des akquirierenden Unternehmens sind. Verfügt die Unternehmung jedoch über hoch spezialisierte Technologien, wird das Greenfield Investment zur bevorzugten Ansiedlungsform. Muss jedoch auf lokales Know-how oder spezielle Produkt- und Marktkenntnisse zurückgegriffen werden, wird i.d.R. die Akquisition eines bestehenden Unternehmens gewählt (vgl. Gasparic-Fiember 2007, S.93).

Andere Studien haben eruiert, dass sowohl mit Zunahme der physischen als auch der kulturellen Distanz die Transaktionskosten steigen und damit Greenfield Investments gegenüber Akquisitionen an Attraktivität gewinnen (Johanson/Vahlne 1977; Kogut/Singh 1988). North (1990) schlägt vor, die institutionelle Theorie mit der Transaktionskostentheorie zu verbinden. Institutionen definieren den Rahmen und die gesetzlichen Regelungen von Übernahmen, an die die investierenden Unternehmen gebunden sind (vgl. Davis et al. 2000, S.239ff.). Die Transaktionskostentheorie unterstellt jedoch das Vorhandensein von Institutionen, die Akquisitionen generell unterstützen, diese Gegebenheit ist jedoch nicht in allen Ländern vorhanden (vgl. Meyer 2001, S.358). In manchen Ländern ist durch die institutionelle Struktur bedingt, die bevorzugte Markteintrittsform nicht unbedingt identisch mit der von der Transaktionskostentheorie vorhergesagten Markteintrittsform (vgl. Brouthers 2002, S.206).[9]

4.2 Eklektische Theorie der internationalen Produktion von Dunning

Im Unterschied zur Internalisierungstheorie stellt die eklektische Theorie von Dunning (1974) keinen Partialansatz dar, sondern versteht sich als Totalansatz, welcher Elemente der Theorie des monopolistischen Vorteils, der Internalisierungstheorie und der Standorttheorie vereint (vgl. Dunning 1980, S.9ff.; Weiss 1996, S.34; Welge/Holtbrügge 2006, S.76). Folglich wird zwischen allen drei Grundformen der internationalen Markteintrittsstrategie unterschieden: Portfolio-Ressourcentransfer, Exporte und Direktinvestition (vgl. Hilger 2001, S.69). Die Wahl der Internationalisierungsform geschieht dabei in Abhängigkeit von sog. Vorteilskategorien, wobei insbesondere die Faktoren „Eigentumsvorteile", „Internalisierungsvorteile" und „Standortvorteile" dabei von besonderer Relevanz sind (vgl.

	Eigentumsvorteil	Internalisierungs-vorteile	Standortvorteile
Direktinvestition	ja	ja	ja
Export	ja	ja	nein
Vertraglicher Ressourcentransfer	ja	nein	nein

Abbildung 3: Dunning's Vorteilskategorien und die Form der Internationalisierung (Quelle: Dunning 1988, S. 28)

---

[9] Für weitere Informationen bzgl. institutioneller und rechtlicher Rahmenbedingungen Indiens hinsichtlich Direktinvestitionen, siehe Kapitel 3

Welge/Holtbrügge 2006, S.76). Liegt keiner dieser Vorteile vor, so kommt es nicht zu einer Internationalisierung der Unternehmung. Bei Vorliegen von verschiedenen Vorteilskategorien, findet die Auswahl des Markteintritts, gemäß Abb. 3 statt.

Jedoch ist die eklektische Theorie auch vielfach Kritik ausgesetzt, da die einzelnen Vorteilskategorien nicht getrennt voneinander bestehen, wie von Dunning vorausgesetzt, sondern gegenseitig miteinander verknüpft sind (vgl. Welge/Holtbrügge 2006, S.77). Ebenfalls kann nicht erklärt werden, wie es zu parallelen Anwendungen unterschiedlicher Marktbearbeitungsformen in einem Land kommt, da es sich bei Dunning um gegenseitig ausschließende Alternativen handelt. Zudem wurde die angenommene notwendige Existenz von firmenspezifischen Vorteilen als Voraussetzung der Internationalisierung vielfach kritisiert (vgl. Stehn 1992, S.63).

Die eklektische Theorie ist in erster Linie dazu geeignet, das Zustandekommen unterschiedlicher Formen von internationalen Markteintritten zu erklären und dabei insbesondere zwischen verschiedenen Wertschöpfungs- und Eigentumsformen zu unterscheiden. Hinsichtlich der Differenzierung der Ansiedlungsformen wurden die relevanten transaktionskostenspezifischen Vorteile bereits bei der Internalisierungstheorie abgehandelt. Die Eigentumsvorteile beziehen sich hauptsächlich auf Kontroll- und Ressourcengesichtspunkte, die für die Unternehmung wichtig sind. Die Standortvorteile befassen sich mit den Faktorkosten, der Infrastruktur und sonstigen Gegebenheiten des Landes (vgl. Dunning 1995, S.473ff.; Brouthers et al. 1999, S.832; Welge/Holtbrügge 2006, S.76). Dunnings Theorie kann das Kosten-Risiko Verhältnis eines Markteintritts somit besser wiedergeben, als es die Transaktionskostentheorie vermag (vgl. Tse et al. 1997, S.780ff.). Die Standortvorteile sind bei der Betrachtung der Ansiedlungsform zu vernachlässigen, da sowohl für Akquisitionen

als auch Greenfield Investments die gleichen Bedingungen anzutref-
fen sind. Hinsichtlich der Eigentumsvorteile kann vermutet werden,
dass je wichtiger die Eigentumsvorteile, die etablierte Tochtergesellschaften gegenüber neuen Unternehmungen besitzen (z.B. Zugang
zu Kapazitäten, Synergien, etc.) für die investierende Unternehmung
sind, desto eher wird sie geneigt sein, eine Akquisition gegenüber
dem Greenfield Investment zu vollziehen (vgl. Welge/Holtbrügge
2006, S.76).

5 Empirische Untersuchung der Markteintrittsform

5.1 Ableitung der Einflussfaktoren aus bestehenden Studien

Im folgenden Abschnitt werden die Studien kurz dargestellt,
aus denen die zu untersuchenden Einflussgrößen (unabhängige
Variablen) für das vorliegende Buch abgeleitet wurden. Die Auswahl
der Studien erfolgte nach der Prämisse, dass diese sich mit Markteintrittsstrategien auseinandergesetzt haben und die Variablen
mögliche Einflussfaktoren auf die Wahl der Ansiedlungsform dar-
stellen. Eine Ausnahme bildet die Variable „Produktadaption",
welche aus keiner Studie, sondern aus dem Lehrbuch von Root
(1994) entnommen wurde.

a) Studie von Agarwal/Ramaswami (1992)

Die Studie von Agarwal/Ramaswami (1992) verwendet die
„Vorteilskategorien" von Dunning (1977; 1980; 1988) um die Faktoren
zu klassifizieren, welche sich auf die Markteintrittsform auswirken.
Es wird zwischen Export, Lizenzierung, Joint Venture und 100%iger
Tochtergesellschaft unterschieden. Damit Unternehmungen auf

ausländischen Märkten mit einheimischen Unternehmungen konkurrieren können, müssen diese überlegene Güter und Fähigkeiten besitzen, um die Risiken eines Auslandsengagements ausgleichen zu können, die sogenannten „Eigentumsvorteile" (vgl. Welge/Holtbrügge 2006, S.76). Laut Agarwal/Ramaswami (1992) wird dies durch drei Faktoren bestimmt: Unternehmensgröße, multinationale Erfahrung und die Fähigkeit, differenzierte Produkte herzustellen (Produkteigenschaften).

b) Studie von Kim, C/Hwang, P (1992)

Die Studie von Kim/Hwang (1992) bemängelt die Tatsache, dass in zurückliegenden Studien nur transaktionskosten- und umweltspezifische Einflussfaktoren auf die Form des Markteintrittsprozesses von Multinationalen Unternehmungen (MNU) untersucht wurden. Unter dem Gesichtspunkt, dass MNU auf globalen Märkten miteinander konkurrieren und die Markteintrittsentscheidungen eines MNU in einem Markt direkte Auswirkungen auf andere Märkte haben können, ist auch die globale strategische Ausrichtung einer Unternehmung von signifikanter Bedeutung für die Markteintrittsform. Kim/Hwang (1992) unterscheiden dabei zwischen drei verschiedenen Arten von Markteintrittsformen: Lizensierung, Joint Ventures und 100%-igen Tochtergesellschaften. Hinsichtlich der Bedeutung der strategischen Einflussfaktoren für die folgende empirische Untersuchung, ist die Betrachtung auf die von Kim/Hwang (1992) gewählten global strategischen Variablen von besonderem Nutzen. Kim/Hwang (1992) unterteilen diese in globale Konzentration der Branche, globale Synergien und Strategiemotive. Desweiteren wird die Variable Location Unfamiliarity und deren Einfluss auf die Markteintrittsform untersucht. Es wurde die Hypothese bestätigt, dass je größer der Unterschied zwischen Heimat- und Gastland wahrgenommen wurde, desto

eher bevorzugen Unternehmen Markteintrittsformen mit geringer Ressourcenbindung. Dies ist damit zu begründen, dass die
Unternehmen bei der Wahl dieser Eintrittsform flexibler sind, die
eingesetzten Ressourcen wieder abzuziehen, falls sie mit den unge-
wohnten Bedingungen nicht zurechtkommen.

c) Studie von Brouthers (2002)

Die Studie von Brouthers (2002) untersucht den Einfluss von
institutionellen, kulturellen und transaktionskostenspezifischen
Faktoren auf die Wahl der Markteintrittsform. Es wird dabei zwischen
100%-iger Auslandsniederlassung, Joint Venture, Lizenzierung und
Export unterschieden. Die Transaktionskostenvariable vergleicht
die Kosten, Geschäftsprozesse intern abzuwickeln oder diese an
eine externe Partei abzugeben. Die Transaktionskosten bestehen
dabei aus den Kosten, einen geeigneten Partner zu finden, mit ihm
zu verhandeln und dessen Leistung zu überwachen (vgl. Makino/
Neupert 2000, S.710). Desweitern hängen die Transaktionskosten
mit dem Vorhandensein von unternehmensspezifischem Wissen
zusammen. Unternehmungen mit hohem technologischem
Wissen haben höhere Transaktionskosten, dieses Wissen vor
Missbrauch Anderer zu schützen (vgl. Hennart 1991, S.486). Als
weitere Einflussgrößen auf die Markteintrittsform wurden die
Unternehmensgröße, die internationale Erfahrung und die Branche,
in der die Unternehmung aktiv ist, herangezogen. Die Studie
konnte einen Zusammenhang zwischen Transaktionskosten und
der Markteintrittsform nachweisen. Im Gegensatz dazu konnte der
Zusammenhang zwischen „asset specifity" und der Markteintrittsform nicht empirisch dargelegt werden. Brouthers (2002) weist
darauf hin, dass noch weitere Einflussgrößen die Markteintrittsform
beeinflussen können. Padmanabhan/Cho (1999) argumentieren,
dass gewonnene Erfahrungen mit einer bestimmten Wert-

schöpfungsform das Auswählen zukünftiger Markteintrittsformen beeinträchtigen können.

d) Studie von Dikova/Witteloostuijn (2007)

Die Studie von Dikova/Witteloostuijn (2007) untersucht die Effekte des institutionellen Entwicklungsstandes des Gastlandes und den unternehmensspezifischen Faktoren auf die gewählte Markteintrittsstrategie. Es wurden dafür 160 westeuropäische MNU befragt, welche in sog. Reformländern Zentral- und Osteuropas investiert haben. Die möglichen Markteintrittsformen werden anhand der Ansiedlungs- und der Eigentumsform unterschieden. Die unternehmensspezifischen Faktoren beinhalten die internationale Unternehmensstrategie, das unternehmensspezifische Wissen sowie die internationale Erfahrung des Unternehmens. Die internationale Unternehmensstrategie wurde in Anlehnung an Harzing (2000) zwischen multilokaler und globaler Strategie differenziert. Die internationale Erfahrung wurde in Auslandserfahrung allgemein, Erfahrung mit der Region des Investitionsstandortes und der gemachten Erfahrungen mit der angewendeten Ansiedlungsform aufgeteilt.

e) Studie von Gasparic-Fiember (2007)

Die Studie von Gasparic-Fiember (2007) untersucht verschiedene Einflussfaktoren auf die Wahl zwischen unterschiedlichen Ansiedlungs- und Eigentumsformen deutscher und österreichischer Unternehmen im ehemaligen Jugoslawien. Es werden dabei hauptsächlich Faktoren einbezogen, welche entweder aus dem Transaktionskostenansatz heraus oder aufgrund von verhaltenstheoretischen Ansätzen begründet sind. Für die vorliegende Untersuchung im Rahmen des Buches wurden folgende Einflussfaktoren übernommen, bei denen ebenfalls ein Zusammenhang mit der

Wahl der Ansiedlungsform in Indien vermutet werden kann: Die lokal durchgeführten Wertschöpfungsaktivitäten zum Zeitpunkt des Markteintritts, das Herkunftsland der investierenden Muttergesellschaft, die Branchenzugehörigkeit, der Markteintrittszeitpunkt sowie die internationale Unternehmensstrategie.

f) Studie von Dong et al. (2008)

Die Studie von Dong et al. (2008) untersucht die Auswirkungen von Faktoren auf die Wahl der Markteintrittsform, welche von der Transaktionskosten- und „Bargaining Power Theorie" abgeleitet wurden. Es wird dabei zwischen Export, Lizenzierung, Franchising, Joint Venture und 100%-iger Auslandsniederlassung unterschieden. Als transaktionskostenspezifische unternehmensinterne Faktoren werden die Häufigkeit von Transaktionen und die internationale Erfahrung genannt. Es konnte jedoch kein Zusammenhang bei der Transaktionshäufigkeit zwischen MNU und deren Auslandsfilialen und der gewählten Kontrolle über die Markteintrittsform gefunden werden. Hinsichtlich der internationalen Erfahrung konnte bestätigt werden, dass sie positiv mit der Kontrolle von MNU über deren Auslandsfiliale korreliert. Als unternehmensinterner Faktor der Bargaining Power Theorie wurde die Ressourcenbindung (Commitment) der Unternehmung auf die gewählte Markteintrittsform untersucht. Diese bezieht sich auf das Ausmaß der Ressourcen, welche eine Unternehmung bereit ist, auf dem ausländischen Markt zu binden. Dong et al. (2008) konnten belegen, dass die gewählte Markteintrittsform ein umso höheres Maß an Kontrolle aufweist, desto höher die gebundenen Ressourcen im Gastland sind.

g) Studie von Meyer et al. (2009)

Die Studie von Meyer et al. (2009) untersucht Markteintrittsstrategien ausländischer Unternehmungen in die vier Schwellenländer

Ägypten, Indien, Südafrika und Vietnam. Unter der Annahme unterschiedlicher institutioneller Entwicklungsstandards, wird untersucht wie sich die Unternehmungen diesen Standards hinsichtlich ihrer Markteintrittsstrategie anpassen und inwieweit dies den Zugang zu lokalen Ressourcen beeinflusst. Dabei wird zwischen Greenfield Investments, Akquisitionen und Joint Ventures unterschieden. Die Variable Ressourcengebrauch wurde anhand zweier Fragen gemessen. Zuerst wurden die Ressourcen, welche für einen erfolgreichen Markteintritt ausschlaggebend waren in materielle und immaterielle Ressourcen unterschieden, wobei die Befragten die drei wichtigsten auswählen sollten. Im zweiten Schritt sollte angegeben werden, wer diese Ressourcen zur Verfügung gestellt hat. Es wurde dabei zwischen dem lokalen Unternehmen (JV Partner, übernommenes Unternehmen), der Muttergesellschaft, anderen lokalen Quellen und anderen ausländischen Quellen unterschieden. Abbildung 4 fasst die ausgewählten Einflussfaktoren und Autoren nochmals zusammen:

Harte Einflussfaktoren	Studien aus denen die Einflussfaktoren entnommen wurden:
Unternehmensgröße	(Agarwal/Ramaswami 1992; Brouthers 2002)
Produkteigenschaften	(Agarwal/Ramaswami 1992)
Transaktionshäufigkeit	(Dong et al. 2008)
Ressourcen und Commitment Faktoren	(Dong et al. 2008; Meyer et al. 2009)
Wertschöpfungsaktivitäten	(Gasparic-Fiember 2007)
Herkunftsland	(Gasparic-Fiember 2007)
Branchenzugehörigkeit	(Brouthers 2002; Gasparic-Fiember 2007)
Weiche Einflussfaktoren	
	(Agarwal/Ramaswami 1992; Brouthers 2002; Dikova/Witteloostuijn 2007;
Auslandserfahrung allgemein	Dong et al. 2008)
Erfahrungen mit Markteintrittsstrategien	(Padmanabhan/Cho 1999; Dikova/Witteloostuijn 2007)
Location Unfamiliarity	(Kim/Hwang 1992; Padmanabhan/Cho 1999; Dikova/Witteloostuijn 2007)
Unternehmensspezifisches Wissen	(Kim/Hwang 1992; Brouthers 2002; Dikova/Witteloostuijn 2007)
Ausmaß der Produktadaption	(Root 1994)
Strategische Einflussfaktoren	
Globale Synergiemöglichkeiten	(Kim/Hwang 1992)
Strategiemotive	(Kim/Hwang 1992)
Markteintrittszeitpunkt	(Gasparic-Fiember 2007)
Internationale Unternehmensstrategie	(Harzing 2000; Dikova/Witteloostuijn 2007; Gasparic-Fiember 2007)

Abbildung 4: Übersicht Einflussfaktoren und unabhängige Variablen (Quelle: Eigene Darstellung)

5.2 Begriffliche Abgrenzung und Hypothesengenerierung

Anhand der durchgeführten Studie soll ermittelt werden, welche Einflussfaktoren (unabhängige Variable) sich auf die Wahl der Ansiedlungsform (abhängige Variable) auswirken. Die Ansiedlungsformen wurden bereits ausführlich in Kapitel 2.2 dargestellt und werden deshalb an dieser Stelle nicht mehr genauer erläutert. Anzumerken ist, dass die abhängige Variable eine dichotome Ausprägung besitzt und als Dummy Variable operationalisiert wird. Die Einflussfaktoren wurden wie Abb.4 zu entnehmen ist, in die Kategorien harte, weiche und strategische Einflussfaktoren eingeteilt, um so die Variablen genauer spezifizieren zu können (vgl. Müller-Stewens/Lechner 1997, S.242).

5.2.1 Harte Einflussfaktoren

Als harte Einflussfaktoren werden jene Variablen bezeichnet, deren Ausprägungen Resultat materieller Ressourcen sind. Als materielle Ressourcen werden beispielsweise physische, finanzielle, technologische oder produktbezogene Ressourcen bezeichnet (vgl. Müller-Stewens/Lechner 1997, S. 393).

a) Unternehmensgröße

Die Betrachtung der Unternehmensgröße ist wichtig, da diese einen Einfluss auf die gewählte Ansiedlungsform haben kann. „The larger the investing firm, the greater its ability to acquire"(Kogut/ Singh 1988, S.420). Dubin (1975) hat herausgefunden, dass kleinere Unternehmen relativ öfter akquirieren als dies vergleichsweise größere Unternehmen tun (vgl. Kogut/Singh 1988, S.420). Caves/

Mehra (1986) zeigen, dass die Größe einer investierenden Unternehmung positiv mit dem Eintritt durch Akquisition gegenüber Greenfield Investment korreliert. Die zumeist weitreichenderen finanzielle Ressourcen größerer Unternehmen ermöglichen es ihnen, die gewünschten Ansiedlungsformen vorzunehmen, ohne dabei größeren finanziellen Limitationen unterworfen zu sein, wie dies bei kleineren Unternehmen häufiger der Fall ist. Die Größe der Tochtergesellschaft ist ebenfalls von Wichtigkeit, da je größer die ausländische Tochtergesellschaft ist, desto höher ist die Wahrscheinlichkeit, dass eine Akquisition vorgenommen wurde (vgl. Gasparic-Fiember 2007, S.152). Dies liegt zum einen an der Knappheit von Humankapital (Penrose-Constraint) sowie am geringeren Risiko gegenüber von Greendfield Investments (vgl. Caves/Mehra 1986, S.460f.; Gasparic-Fiember 2007, S.152).[10]

b) Produkteigenschaften

Hinsichtlich der Produkteigenschaften wird in diesem Buch zwischen standardisierten Massengütern und hoch differenzierten, spezialisierten Gütern unterschieden. Falls die Produkte leicht austauschbar sind, wie z.B. Schrauben, ist die Produktdifferenzierung gering. Sind die Produkte nicht einfach austauschbar und unterscheiden sich signifikant in Qualität und Marke, ist die Produktdifferenzierung hoch (vgl. Anderson/Coughlan 1987, S.76). Wenn Unternehmen aufgrund der Fähigkeit zur Herstellung hoch differenzierter Produkte einen Wettbewerbsvorteil besitzen, bevorzugen sie vollständig kontrollierte Tochtergesellschaften und weniger Kooperationsmodelle (vgl. Müller-Stewens/Lechner 1997, S. 393). Dadurch wird versucht, das Risiko eines ungewollten Wissentransfers zu reduzieren, damit der

---

[10] Das Penrose-Constraint bezeichnet die Limitation organischen Wachstums von Unternehmen aufgrund der mangelnden Verfügbarkeit von Führungskräften (Humankapital). Eine detaillierte Beschreibung ist Yip 1982, S.331-345 sowie Caves/Mehra 1986, S.460f. zu entnehmen.

Kooperationspartner später nicht als Konkurrent auf dem Markt auftreten kann (vgl. Anderson/Coughlan 1987, S.75ff.). Es ist zu vermuten, dass Unternehmen mit hoch differenzierten Produkten eher Greenfield Investments als Ansiedlungsform bevorzugen.

c) Transaktionshäufigkeit

Die Transaktionshäufigkeit bezieht sich auf die benötigte Anzahl der Transaktionen zwischen einer Unternehmung und ihrer ausländischen Tochtergesellschaft, um das Auslandsengagement betreiben zu können. Findet ein reger Austausch zwischen Mutter- und Tochtergesellschaft statt, so steigen die Transaktionskosten und somit der Anreiz, die Transaktionen zu internalisieren (vgl. Dong et al. 2008, S.104). Es wird vermutet, dass bei einer großen Anzahl von Transaktionen, die Unternehmung Greenfield Investments wählen wird, um damit die höchste Form der Kontrolle über ihre Tochtergesellschaft ausüben zu können.

d) Ressourcen- und Commitmentfaktoren

Der Markteintritt durch Akquisition führt dazu, dass die Ressourcen der investierenden ausländischen Unternehmung und der erworbenen einheimischen Unternehmung verschmelzen. Im Gegensatz dazu müssen Greenfield Investments ohne den Zugriff auf lokale Ressourcen auskommen. Die Wahl der Ansiedlungsform hängt demnach davon ab, in welchem Ausmaß die ausländische Unternehmung auf solche Ressourcen angewiesen ist. In Entwicklungs- und Schwellenländern benötigen Unternehmungen gewöhnlich „contextspezifische" Ressourcen um erfolgreich zu sein. Dazu zählen beispielsweise die Notwendigkeit von Netzwerken und Beziehungen oder das Führen von einheimischen Arbeitskräften. Es kann vermutet werden, dass Unternehmen, welche diese Ressourcen für wichtig erachten, ihren Markteintritt in Form einer Akquisition vornehmen. Dies ist dadurch begründet, dass solche Ressourcen nur durch Kooperationen oder Zukäufe von einheimischen Unternehmen schnell aufgebaut werden können (vgl. Meyer et al. 2009, S.64f.). Ressourcencommitment bezieht sich auf die Höhe der Ressourcen, die eine Unternehmung bereit ist, im Gastland zu investieren oder investieren zu wollen. Je mehr Ressourcen in das Land fließen, desto höher ist die Verhandlungsmacht des investierenden Unternehmens gegenüber der lokalen Regierung (vgl. Dong et al. 2008, S.106). Es ist zu vermuten, dass Unternehmen, die einen großen Teil ihrer Ressourcen im Gastland binden, ein Greenfield Investment vornehmen, da auf diese Weise ein Höchstmaß an Kontrolle und Entscheidungsfreiheit beibehalten wird.

e) Wertschöpfungsaktivitäten

Im Rahmen dieses Buches soll untersucht werden, ob die lokal durchgeführten Wertschöpfungsaktivitäten einerseits zu Beginn des Markteintritts und andererseits zum heutigen Zeitpunkt, einen Einfluss auf die gewählte Ansiedlungsform hatten bzw. haben. Der Ansatz, ein Unternehmen nicht in organisatorische Einheiten, sondern in wertschaffende Aktivitäten zu unterteilen, geht auf Porter (1985) zurück. Er unterscheidet zwischen Primäraktivitäten, welche sich unmittelbar mit der Herstellung und dem Vertrieb des Produktes befassen und unterstützenden Aktivitäten, wie beispielsweise Informationstechnik (IT) oder F&E. Es ist zu vermuten, dass bei lokal durchgeführtem Einkauf von Rohstoffen eine Akquisition bevorzugt wird, da auf diese Weise der Zugang zu Rohstoffen erleichtert wird. Dasselbe ist für den Vertrieb, das Marketing, F&E, After Sales Service und IT zutreffend, die durch eine Akquisition schneller aufgenommen werden könnten und somit zu einer Verringerung der Opportunitätskosten der Zeit beitragen (vgl. Gasparic-

Fiember 2007, S.157ff.). Wird die Produktion von Gütern vor Ort durchgeführt, so stehen Effizienzgesichtspunkte im Vordergrund, was für die Errichtung eines Greenfield Investments spricht.

f) Herkunftsland

Die Untersuchungsteilnehmer stammen aus verschiedenen Herkunftsländern und es gilt herauszufinden, ob diese einen Einfluss auf die gewählte Markteintrittsform haben. Die Länder unterscheiden sich sowohl in der physischen Distanz zum Investitionsland Indien, als auch in der psychischen Distanz, welche durch Unterschiede in Sprache und Kultur bedingt sind (vgl. Kogut/Singh 1988, S.413). Desweiteren können sich länderspezifische Charakteristika aufdecken lassen, insofern Unternehmen aus einem Land generell eine bestimmte Ansiedlungsform präferieren könnten. Die Studie von Demirbag et al. (2008), welche das Direktinvestitionsverhalten westlicher Unternehmen in der Türkei untersuchte, konnte jedoch keinen Einfluss des Heimatlandes und der kulturellen Distanz auf den Markteintrittsmodus feststellen. Insofern ist es nur schwer möglich, Hypothesen über mögliche Zusammenhänge, des Herkunftslandes und der Ansiedlungsform betreffend aufzustellen.

g) Branchenzugehörigkeit

Die Markteintrittsform kann durch die Branchencharakteristika beeinflusst werden (vgl. Kogut/Singh 1988, S.420). Aus diesem Grund wurden die teilnehmenden Unternehmen dem Sekundär- oder dem Tertiärsektor zugeordnet (vgl. Gasparic-Fiember 2007, S.148; Statistisches Bundesamt 2008).[11] An der Befragung nahmen keine Unternehmen aus dem Primärsektor teil, sodass

---

[11] Eine Tabelle über die Aufschlüsselung der Branchen kann dem Anhang A entnommen werden.

dieser vernachlässigt werden kann. Die Branchen unterscheiden sich größtenteils in der Kapitalerfordernis der Geschäftstätigkeit. So ist diese bei Industrieunternehmen meist höher als bei Dienstleistungsunternehmen (vgl. Gasparic-Fiember 2007, S.146f.). Gasparic-Fiember (2007) argumentiert, dass der Sektoreneinfluss auf die Wahl der Ansiedlungsform groß ist, da er die Bedeutung des Kapitaleinsatzes als wesentlichen Einflussfaktor im Kern erfasst. Es kann vermutet werden, dass Industrieunternehmen aus dem sekundären Sektor aufgrund ihres höheren Kapitalbedarfs und des damit einhergehenden höheren Risikos Akquisitionen bevorzugen, welche in der Regel eine sicherere Rendite ermöglichen als Green-field Investments.

5.2.2 Weiche Einflussfaktoren

Die weichen Einflussfaktoren beziehen sich auf Erfahrungen, welche die Unternehmung im Laufe ihres Bestehens im Ausland allgemein sowie mit Markteintrittsformen im speziellen sammeln konnte. Desweiteren wurden Faktoren einbezogen, welche das unternehmensinterne Wissen und die produzierten Produkte und Dienstleistungen reflektieren, sowie organisatorische und individuelle Elemente beinhalten (vgl. Müller-Stewens/Lechner 1997, S. 394).

a) Auslandserfahrung allgemein

Die allgemeine Auslandserfahrung bezieht sich auf die gesammelten Kenntnisse in Internationalisierungsaktivitäten der Unternehmung außerhalb ihres Heimatmarktes unabhängig vom Zielland. Je mehr Erfahrungen ein Unternehmen im Allgemeinen im Ausland gesammelt hat, desto höher sind die Lerneffekte und routinierter kann ein

Markteintritt vorgenommen werden. Eine Vermutung, ob viel Auslandserfahrung eher zu Greenfield Investments oder Akquisitionen führt, ist jedoch nur schwer aufzustellen, da beide Ansiedlungsformen durch das Vorhandensein von Erfahrungen profitieren.

b) Erfahrungen mit Markteintrittsstrategien

Hierbei soll untersucht werden, welche Art des Markteintritts die Unternehmung in der Vergangenheit bevorzugt hat. Ähnlich wie bei der Auslandserfahrung können so Lerneffekte erzielt werden, die für den Markteintritt in Indien genutzt werden können und damit zu einer Reduzierung der Transaktionskosten führen (vgl. Gasparic-Fiember 2007, S.171). Hat eine Unternehmung neue Märkte zumeist in Form einer Akquisitation betreten, so ist zu vermuten, dass dies auch die Markteintrittsentscheidung in Indien beeinflussen wird. Unabhängig davon, ob die gemachten Erfahrungen positiv oder negativ waren ist davon auszugehen, dass die zuvor gewählte Strategie beibehalten wird, sofern keine gesetzlichen Vorschriften dagegen bestehen.

c) Location Unfamiliarity

Die Einflussvariable Location Unfamiliarity oder deutsch „Vertrautheit mit dem Zielland" wurde von Kim/Hwang (1992) übernommen. Diese beschreibt die wahrgenommene Distanz zwischen dem Heimat- und Gastland in Bezug auf kulturelle, ökonomische, rechtliche und technologische Aspekte. Kim/Hwang (1992) beschreiben, dass je größer die empfundene Distanz ist, desto eher bevorzugen Unternehmungen Investments mit kleinerem Kapitaleinsatz, um somit die Option eines Rückzugs mit geringem Kapitalverlust aufrechtzuhalten. Aufgrund des zumeist höheren Kapitalbedarfs bei Greenfield Investments ist somit auszugehen, dass bei einer hohen Location Unfamiliarity Akquisitionen präferiert werden. Desweiteren

wird es Unternehmen, die nur einen geringen Gastlandbezug aufweisen, schwer fallen, eigenständig lokales Know-how aufzubauen
ohne auf die Hilfe einheimischer Kräfte zurückzugreifen. Aus diesem
Grund ist ebenfalls davon auszugehen, dass Unternehmen mit einer
hohen Location Unfamiliarity eher Akquisitionen bevorzugen, um
sich auf diese Weise gastlandspezifisches Wissen und Netzwerke
anzueignen.

d) Unternehmensspezifisches Wissen

Das unternehmensspezifische Wissen bezieht sich auf Anlagewerte,
welche bei alternativem Gebrauch an Wert verlieren (vgl. Williamson
1985, S.53). Die Transaktionskostentheorie betont die Wichtigkeit
unternehmensspezifischer Vorteile multinationaler Unternehmen
gegenüber lokalen Unternehmen, um sich Wettbewerbsvorteile zu
sichern (vgl. Kim/Hwang 1992, S.34). Je größer das unternehmensspezifische Wissen ist, desto höher sind die Transaktionskosten, dieses vor Missbrauch zu schützen (vgl. Williamson 1985, S. 53ff.). Um
dem entgegenzuwirken, wählen Unternehmen bei der Expansion
ins Ausland eigenständige Markteintrittsformen, bei denen diese
Kenntnisse nicht mit einem Partner geteilt werden müssen (vgl.
Delios/Beamish 1999, S.916). So ist zu vermuten, dass je größer sich
das unternehmensspezifische Wissen einer Unternehmung darstellt,
umso eher werden Greenfield Investments bevorzugt.

e) Ausmaß der Produktadaption

Unternehmen, welche ihre Produkte bzw. Dienstleistungen auf
fremden Märkten anbieten möchten, können sich gezwungen sehen,
diese auf lokale Besonderheiten und Präferenzen anzupassen,
um die Akzeptanz der Konsumenten zu erlangen (vgl. Root 1994,
S.29). Die Gründe dafür können vielfaltig sein und werden bei der

Operationalisierung der Variablen in Kapitel 5.3 dargestellt. Ein bekanntes Beispiel für Produktadaption ist der Fast Food Konzern McDonald's, welcher in Indien keine Burger mit Rindfleisch anbietet, da Kühe dort als heilige Tiere betrachtet werden (vgl. CBS News 2007). Die Studie versucht daher herauszufinden, ob Produktadaption einen Einfluss auf die gewählte Ansiedlungsform hat. Vermutungen aufzustellen, ob Adaptionszwang Unternehmen eher zu Greenfield Investments oder Akquisitionen tendieren lässt sind schwierig, da zu diesem Gebiet noch zu wenige gesicherte Erkenntnisse vorliegen.

5.2.3 Strategische Einflussfaktoren

Strategische Einflussfaktoren basieren auf der jeweiligen Markteintrittsstrategie der Unternehmung und werden meist von der Unternehmensleitung vorgegeben (vgl. Müller-Stewens/Lechner 1997, S. 242). In Kapitel 5.1 wurden durch die Analyse vorliegender Studien, vier strategisch wichtige Einflussfaktoren eines Markteintritts identifiziert. Diese werden im Folgenden näher beschrieben.

a) Globale Synergiemöglichkeiten

Globale Synergiemöglichkeiten entstehen, wenn Kernkompetenzen wie bspw. F&E oder Marketing Know-how einer multinationalen Unternehmung geteilt oder gemeinsam mit der ausländischen Filiale genutzt werden können (vgl. Willig 1978, S.346). Die Unternehmung versucht dadurch Wettbewerbsvorteile zu erzielen, um so erfolgreicher in den Markt einzutreten. Gemeinsam genutztes Wissen kann jedoch opportunistisches Verhalten auf Seiten des Vertragspartners sowie Kontrollprobleme der Muttergesellschaft hervorrufen (vgl. Kim/Hwang 1992, S.35ff.). Ein gutes Beispiel hierfür ist Apple, das das auf dem IT- und Elektronikmarkt erworbene Marketingwissen und Produktimage auf den weltweiten Telekommunikationsmarkt mit der Einführung des iPhone übertragen haben. Globale Synergiemöglichkeiten helfen Unternehmen auf einem neuen Markt, schnell eine starke Marktposition durch komparative Vorteile einzunehmen. Dies geschieht zumeist in Form von Kostenvorteilen oder größeren Innovationskapazitäten gegenüber lokalen Wettbewerbern (vgl. Baumol et al. 1982, S.71). Es ist zu vermuten, dass Unternehmen mit großen Synergiemöglichkeiten eher zu Greenfield Investments tendieren, da hier das unternehmensinterne Wissen nicht in eine bestehende Unternehmung eingebracht werden muss und somit die Gefahr des Know-how Verlustes reduziert wird.

b) Strategiemotive

Die Strategiemotive umfassen eine Vielzahl von unternehmenspolitischen Absichten, auf welchen das Auslandsengagement begründet sein kann. Grundsätzlich kann in kosten und ertragsorientierte, markt- und absatzorientierte, beschaffungsorientierte und strategische Investitionsmotive unterschieden werden (vgl. Müller/Kornmeier 2002, S.114; Welge/Holtbrügge 2006, S.25f.). Oftmals führt nicht nur ein einziges Motiv zu einer ausländischen Direktinvestition, sondern die Summe der Möglichkeiten, die dieses Engagement bietet. Viele Unternehmen wählen ihre Investitionsziele nicht nur nach rein effizienten und ökonomischen Gesichtspunkten, sondern nach global strategischen Motiven.

„Global strategic motivation can be defined as motivation to fulfill strategic aims set at the corporate level for the purpose of overall corporate efficiency maximization." (Kim/Hwang 1992, S.31)

Es kann vermutet werden, dass markt- und absatzorientierte Motive eher zu einer Akquisition verleiten, da hierdurch auf den bestehenden Kundenstamm des akquirierten Unternehmens zurückgegriffen werden kann. Dasselbe gilt für Investitionen mit beschaffungsorientierten Motiven. Diese führen ebenfalls tendenziell eher zu Akquisitionen, da hiermit der Zugang zu Ressourcen erleichtert wird. Kosten- und ertragsmotivierte Investitionen führen hingegen eher zu Greenfield Investments, da hierdurch eine bessere Kostenkontrolle möglich ist und das Auslandsengagement effizienter geführt werden kann.

c) Markteintrittszeitpunkt

Hinsichtlich des Markteintrittszeitpunktes kann idealtypischerweise in eine Pionier- und eine Folgerstrategie unterschieden werden (vgl. Welge/Holtbrügge 2006, S.135). Es wird erwartet, dass Unternehmen, welche den Markt als Folger betreten, den Markteintritt in Form einer Akquisition tätigen. Dies ist auf die Follow-the-Leader-Hypothese (vgl. Knickerbocker 1973) zurückzuführen, welche postuliert, dass im Falle eines Oligopols, Unternehmen aufgrund von verhaltensorientierten Motiven die am kurzfristigsten realisierbare Markteintrittsform wählen, um am Markt schnellstmöglich partizipieren zu können. Als Hauptmotiv wird dabei von einer Minimierung der Opportunitätskosten der Zeit ausgegangen (vgl. Gasparic-Fiember 2007, S.153).

d) Internationale Unternehmensstrategie

In der Literatur des internationalen Managements existieren unterschiedliche Strategieklassifizierungen, welche teilweise synchron benutzt werden. Welge/Holtbrügge (2006) verwenden beispielsweise eine vierdimensionale Matrix, welche einerseits die Vorteile der Globalisierung und andererseits die Vorteile der Lokalisierung abbildet. Aufgrund der einfacheren Zuordnung bei quantitativen Befragungen wird in dieser Studie auf die Überlegungen von Harzing (2000) zurückgegriffen. Dessen Erkenntnisse basieren auf der Studie von Bartlett/Ghoshal (1992) und unterteilt zwei Strategiealternativen: die globale und die multilokale Strategie. Effizienzerfordernisse und größtenteils harter globaler Wettbewerb sind die Hauptgesichtspunkte einer globalen Strategie. Eine multilokale Strategie erlaubt eine höhere Anpassung an lokale Besonderheiten und Bedürfnisse und gesteht den Tochtergesellschaften einen höheren Handlungsspielraum zu (vgl. Harzing 2000). Gasparic-Fiember (2007) hat die Vermutung aufgestellt, dass Unternehmen, welche eine globale Strategie verfolgen, eher zu Greenfield Investments tendieren, da die Tochtergesellschaften somit eher nach dem Vorbild der Muttergesellschaft aufgebaut werden können. Dies konnte in der Studie jedoch nicht belegt werden. Es sei vorweggenommen, dass ebenfalls wie bei Gasparic-Fiember (2007) keine signifikanten Cluster entstanden sind und somit diese Variable in der weiteren Analyse vernachlässigt wurde.[12]

5.3 Aufbau des Fragebogens und Operationalisierung der Variablen

Der Fragebogen wurde derart aufgebaut, dass zuerst Fragen bezüglich der indischen Tochtergesellschaft und anschließend Fragen, die ausländische Muttergesellschaft betreffend gestellt wurden. Thematisch ähnliche Fragen wurden dabei in Blöcke zusammengefasst, um die Befragten nicht durch das Mischen von Fragen mit unterschied-

---

[12]Die Zuordnungstabelle, welche als Entscheidungshilfe für die Bestimmung der Anzahl von Gruppen in einer Cluster Analyse hilfreich ist, kann dem Anhang F entnommen werden.

lichen Themen zu verwirren (vgl. Jacob/Eirmbter 2000, S.229). Zum Auswerten des Fragebogens spielt diese Anordnung jedoch eine untergeordnete Rolle, vielmehr gliedern sich die Variablen in die, in Abbildung 4, vorgestellten Einflussfaktoren. Der Fragebogen wurde in englischer Sprache erstellt und beinhaltet insgesamt 23 Fragen, die teilweise offen oder geschlossen gestellt wurden. Die Verständlichkeit der Fragen wurde durch einen englischen Muttersprachler überprüft und von mehreren international tätigen Unternehmen der Wirtschaftsregion Heilbronn in einer Probebefragung auf seine Verständlichkeit überprüft.

Zu Beginn des Fragebogens sollten die Probanden angeben, welche Art des Markteintritts ihre Unternehmung in Indien gewählt hat. In Anlehnung an Welge/Holtbrügge (2006) wurde dabei in Greenfield Investment und Akquisition unterschieden. Anschließend wurden die Befragten gebeten, aus einer Liste das Heimatland ihrer Muttergesellschaft auszuwählen. Daraus folgend wurden die einzelnen Einflussfaktoren auf die gewählte Markteintrittsform erfragt. Eine Übersicht der Operationalisierung der einzelnen Variablen ist aus der Aufstellung im Anhang D zu entnehmen. Die Variablen, welche ein ordinales Skalenniveau aufweisen, wurden stets mit einer 5-stufigen Likertskala gemessen.

Die Einflussfaktoren gliedern sich in harte, weiche und strategische Einflussfaktoren. Als harte Einflussfaktoren wurden die Variablen Unternehmensgröße, Produkteigenschaften, Transaktionshäufigkeit, Ressourcen/Commitment, Wertschöpfungsaktivitäten, Herkunftsland und der zugehörige Sektor verwendet (vgl. Anderson/ Coughlan 1987, S.76; Kogut/Singh 1988, S.417ff.; Agarwal /Ramaswami 1992, S. 9ff.; Erramilli/Rao 1993, S.23ff.; Root 1994, S.34f.; Brouthers 2002, S. 211; Gasparic-Fiember 2007, S.135ff.; Dong et al. 2008, S. 104ff.; Meyer et al. 2009, S.80). Die Unternehmensgröße wurde

anhand des letztjährig getätigten Umsatzes sowie der Mitarbeiter-
zahl der Muttergesellschaft weltweit und der indischen Vertretung
operationalisiert (vgl. Agarwal/Ramaswami 1992, S.9f.; Erramilli/
Rao 1993, S.27, Brouthers 2002, S.211). Die Europäische Union
zählt Unternehmungen mit weniger als 50 Beschäftigten und einem
Umsatz von bis zu 10 Mio. € zu den Kleinst- und Kleinunternehmen.
Unternehmungen mit bis zu 250 Beschäftigten und einem Umsatz
von bis zu 50 Mio. € werden zu den mittleren Unternehmen gezählt,
alles darüber hinaus zählt zu den Großunternehmen (vgl. EU 2009).
Die Unternehmensgröße wurde anhand einer offenen Frage ermittelt,
um so ein möglichst identisches Abbild der Realität zu erhalten. Die
Produkteigenschaften wurden anhand einer Likertskala gemessen,
welche auf eine hohe oder niedrige Produktdifferenzierung hinweisen
(vgl. Anderson/ Coughlan 1987, S.76). Beruhen die Wettbewerbsvorteile der Unternehmung auf der Fähigkeit differenzierte Produkte
herzustellen, ist die Produktdifferenzierung hoch, bei der Verbreitung
von standardisierten Massengütern gering (vgl. Müller-Stewens/
Lechner 1997, S.243). Die Transaktionshäufigkeit wurde anhand der
Häufigkeit des Güter-, Technologie- und Wissenstransfers zwischen
der Mutter- und der Tochtergesellschaft in Indien überprüft und
dabei die Zustimmung der Probanden bezüglich dieser Indikatoren
festgestellt (vgl. Dong et al. 2008, S.110). Der Ressourcen und
Commitment Faktor wurde anhand von Aussagen überprüft, bei
denen die Befragten ihre Zustimmung bzgl. des aufgewendeten
Kapitals, der Mitarbeiterbeanspruchung und der Wichtigkeit des
Indienengagements in Relation zum Gesamtumsatz äußern konnten
(vgl. Dong et al. 2008, S.110). Desweiteren wurde eine umfangreiche
Liste an materiellen und immateriellen Ressourcen vorgegeben, mittels derer die Befragten die Wichtigkeit der jeweiligen Ressource für
den Markteintritt in Indien bewerten sollten (vgl. Meyer et al. 2009,
S.80). Die lokal durchgeführten Wertschöpfungsaktivitäten wurden
anhand dichotom vorgegebener Antwortmöglichkeiten auf ihre

Anwendung zu Beginn des Markteintritts und zum heutigen Zeitpunkt abgefragt (vgl. Gasparic-Fiember 2007, S.269). Mit der offenen Frage nach der Nationalität der Muttergesellschaft wurde die Variable Herkunftsland operationalisiert (vgl. Kogut/Singh 1988, S.418f.). Die Branchenzugehörigkeit wurde ebenfalls mittels einer offenen Frage gestellt, wobei die Branchen für die statistische Auswertung entsprechend den NACE-Codes zum Primär-, Sekundär- und Tertiärsektor gezählt wurden (vgl. Gasparic-Fiember 2007, S.148; Statistisches Bundesamt 2008).

Zu den weichen Einflussfaktoren wurden die Variablen Auslandserfahrung, Erfahrungen mit Markteintrittsstrategien, Location Unfamiliarity, unternehmensspezifisches Wissen und das Ausmaß der Produktadaption auf dem indischen Markt zum Markteintrittszeitpunkt gezählt (vgl. Agarwal/Ramaswami 1992, S.5ff.; Root 1994, S.34; Delios/Beamish 1999, S.918ff.; Brouthers 2002, S. 205ff.; Dikova/Witteloostuijn 2007, S.1016ff.). Die Anzahl der Jahre, die eine Unternehmung international tätig ist, wurde als Indikator für die Auslandserfahrung herangezogen (vgl. Agarwal/ Ramaswami 1992, S. 55ff.; Brouthers 2002, S. 211; Dikova/Witteloostuijn 2007, S.1023). Des-weiteren wurden zwei Unterpunkte der Auslandserfahrung als weitere Variablen verwendet. Wie von Padmanabhan/Cho (1999) vorgeschlagen, wurden die gesammelten Erfahrungen mit bestimmten Markteintrittsstrategien auf anderen ausländischen Märkten als möglicher Einflussfaktor auf die gewählte Art der Direktinvestition in Indien herangezogen. Überprüft wurde dieser Gesichtspunkt mittels einer Likertskala, bei der die Befragten das Ausmaß der gemachten Erfahrungen der Muttergesellschaft mit den zu untersuchenden Direktinvestitionsmöglichkeiten einschätzen konnten. Zum anderen wurde geprüft, ob die Location Unfamiliarity bzgl. Indien Einfluss auf die gewählte Markteintrittsform hatte (vgl. Kim/Hwang 1992, S.35; Padmanabhan/Cho 1999, S.25ff.; Dikova/Witteloostuijn 2007,

S.1023). Hierzu wurden die Erfahrungen der Unternehmungen mit
Indien und die wahrgenommenen Unterschiede zwischen dem
Heimatland und Indien in Bezug auf Kultur, politisches System, ökonomische, rechtliche und technologische Bedingungen ermittelt
(vgl. Kim/Hwang 1992, S.43). Weiterhin wurde die Erfahrung mit
Wertschöpfungsformen der Unternehmung auf dem indischen
Markt anhand einer Dummy Variablen gemessen. Hierbei wurde
eine Differenzierung nach Erfahrung mit Exporten, Lizenzierung
und Franchising vollzogen (vgl. Gasparic-Fiember 2007, S.191).
Die Variable unternehmensspezifisches Wissen wurde mittels
des Anteils der F&E und Marketing Ausgaben am Gesamtumsatz
erfragt (vgl. Dikova/Witteloostuijn 2007, S.1023). Infolgedessen
ist es möglich, auf das technologische und marketingspezifische
Wissen das als Bestandteil des unternehmensspezifischen Wissens
betrachtet werden kann, zu schließen (vgl. Delios/Beamish 1999,
S.921; Brouthers 2002, S.211). Das Ausmaß der Produktadaption ist
anhand von Kriterien erfragt worden, welche eine Anpassung der in
Indien verkauften oder hergestellten Produkte notwendig machen
(vgl. Root 1994, S.34). Rechtliche Bestimmungen, Konsumentenpräferenzen, religiöse Gründe, Marktstruktur und Vertriebskanäle
wurden hierbei als mögliche Adaptionsgründe aufgeführt.

Zu den strategischen Einflussfaktoren zählen die globalen Synergiemöglichkeiten, die Strategiemotive, der Markteintrittszeitpunkt
sowie die internationale Unternehmensstrategie (vgl. Kim/Hwang
1992, S.32f.; Harzing 2000, S.101ff.; Gasparic-Fiember 2007, S.153ff.;
Dikova/Witteloostuijn 2007, S.1023). Die globalen Synergiemöglichkeiten sind mittels der Intensität eines Zusammenwirkens zwischen
der indischen Tochtergesellschaft und der Muttergesellschaft hinsichtlich personeller Ressourcen, unternehmensspezifischem Wissen
und des Vertriebssystems erfragt worden (vgl. Kim/Hwang 1992,
S.42). Die Strategiemotive wurden anhand einer Reihe von möglichen

Absichten erfragt, welchen die Auskunftspersonen eine Wichtigkeit von „gering" bis „hoch" beimessen sollten. Die Strategiemotive gliedern sich hierbei in markt- und absatzorientierte, kosten- und ertragsorientierte und beschaffungsorientierte Motive (vgl. Müller/Kornmeier 2002, S.114; Welge/Holtbrügge 2006, S.25f.; Gasparic-Fiember 2007, 154f.). Der Markteintrittszeitpunkt wurde anhand einer Dummy Variablen gemessen, welche den Wert 0 annimmt, sofern das Unternehmen als Vorreiter seiner Branche in Indien eine Tochtergesellschaft eröffnet hat. Der Wert 1 wird angenommen, falls bereits andere ausländische Unternehmen der Branche in Indien durch Tochtergesellschaften zum Zeitpunkt des Markteintritts vertreten waren. Demnach lässt sich der Markteintrittszeitpunkt in Pionier- und Folgerstrategie untergliedern (vgl. Welge/ Holtbrügge 2006, S.135 ff; Gasparic-Fiember 2007, S.153). Die internationale Unternehmensstrategie wurde in multilokale und globale Strategie differenziert, dessen Ausprägungen anhand von vier qualitativen Fragen erörtert wurde. Diese sollten mittels einer Clusteranalyse zu den zwei idealtypischen Strategiealternativen gebündelt werden (vgl. Harzing 2000, S.120; Gasparic-Fiember 2006, S.173; Dikova/Witteloostuijn 2007, S.1023).

Überdies wurden drei Variablen erfragt, welche selbst nicht direkt auf die gewählte Markteintrittsform untersucht wurden, die jedoch zum Erklärungsgehalt beitragen können. Die Rechtsform der indischen Tochtergesellschaft und der Anteil der Muttergesellschaft an der indischen Tochtergesellschaft wurden anhand von Dummy Variablen gemessen. Als unterste Stufe der Beteiligung wurde dabei das Repräsentanzbüro, als oberste Stufe die 100%ige Tochtergesellschaft angegeben. Zuletzt sollten die Befragten den Erfolg der indischen Tochtergesellschaft mittels der Verkaufszahlen, des Marktanteils und dem finanziellen Abschneiden bewerten und ihre Position im Unternehmen angeben.

5.4 Konzeption der Untersuchung und Struktur der Stichprobe

Die empirische Befragung der Studie wurde quantitativ, d.h. in schriftlicher Form, durchgeführt. Die Vorteile im Vergleich zu qualitativen Befragungen sind u.a. der geringe Personalbedarf aufgrund des nicht benötigten Interviewers und das Vermeiden des Intervieweinflusses auf den Probanden, welcher das Antwortverhalten verzerren kann. Nachteilig hingegen ist die Unkontrollierbarkeit der Befragungssituation, die sich negativ auf die Reliabilität und Validität der Daten auswirken kann. Desweiteren ist die Rücklaufquote bei schriftlichen Befragungen meist geringer, da diese anonym und somit unverbindlicher als Interviews durchgeführt werden (vgl. Jacob/ Eirmbter 2000, S.134ff.).[13] Um die Studie durchführen zu können, musste zunächst die Zielgruppe, ausländische Unternehmungen, die in Indien Direktinvestitionen durchgeführt haben, identifiziert werden. Da keine offiziellen Listen über investierende Unternehmen in Indien existieren, wurden zahlreiche Institutionen kontaktiert, um das nötige Datenmaterial zu erhalten. Die folgenden Einrichtungen stellten freundlicherweise ihre Daten zur Verfügung:

- Deutsche Auslandshandelskammer Indien
- Indo-French Chamber of Commerce and Industry
- Indo-Australian Chamber of Commerce
- The Netherlands-India Chamber of Commerce and Trade
- Swedish Chamber of Commerce India
- Swiss Indian Chamber of Commerce
- Singapore Indian Chamber of Commerce and Industry
- Indian Electrical and Electronics Manufacturers Association
- Manufacturers Association for Information Technology India

---

[13] Eine übersichtliche Darstellung über die Vor-und Nachteile schriftlicher Befragungen ist Jacob/Eirmbter 2000, S.134-140 zu entnehmen.

Das daraus resultierende Datenmaterial entspricht jedoch nicht ohne Ausnahmen der angestrebten Zielgruppe. So enthalten die Listen auch viele indische Unternehmen, welche mit dem betreffenden Ländern Handel betreiben und damit für diese Untersuchung nicht dienlich sind. Um sicherzustellen, dass nur die gewünschte Zielgruppe an der Befragung teilnahm, wurde mit dem Fragebogen ein Anschreiben versendet, das über den Zweck der Untersuchung informiert und darauf hinweist, dass nur ausländisch investierte Unternehmen in Indien teilnehmen sollen (siehe Anhang B). Desweiteren wurden in der späteren Analyse alle beantworteten Fragebögen aussortiert, die als Heimatland der Muttergesellschaft Indien angegeben haben.

Der Fragebogen wurde im Juli 2009 per E-Mail an die Zielgruppe versendet, um einerseits durch den Versand per E-Mail schnellere Rückläufe zu erhalten und andererseits aufgrund des umfangreichen Adressmaterials Portokosten zu sparen. Nach einem Abstand von drei Wochen wurden alle Unternehmen, die nicht geantwortet haben, erneut mit der Bitte an der Umfrage teilzunehmen kontaktiert. Die E-Mail beinhaltete ein kurzes Anschreiben über den Zweck der Studie, den Hinweis auf die Vertraulichkeit und Anonymität der erhobenen Daten, sowie die Bitte daran teilzunehmen, falls das Unternehmen eine Tochtergesellschaft einer ausländischen Unternehmung in Indien hat. Die Umfrage bestand aus insgesamt 23 Fragen, die über einen Link in der E-Mail geöffnet werden konnten. Das Anschreiben sowie die Fragen selbst wurden aufgrund des inter-nationalen Teilnehmerfeldes in englischer Sprache konzipiert. Der Fragebogen ist dem Anhang C zu entnehmen und wurde mit der Software EFS Survey von Unipark erstellt.

Innerhalb des Befragungszeitraumes wurden 6150 Fragebögen versandt. Ein Großteil der Daten geht dabei auf die Liste der Deutschen

Auslandshandelskammer mit ca. 5000 Adressen zurück. Aufgrund von nicht aktuellen oder gültigen E-Mail Adressen konnten ca. 820 Adressaten nicht erreicht werden, was somit die Anzahl versendeter Fragebögen auf 5330 reduziert. Komplett ausgefüllt wurde der Fragebogen von 77 Teilnehmern, was einer Nettorücklaufquote von 1,44% entspricht. Insgesamt gab es 365 Teilnehmer, die den Fragebogen jedoch meist nur unzureichend beantwortet haben und 46 schriftliche Absagen, die darauf zurückgehen, dass das angeschriebene Unternehmen nicht in die Zielgruppe passt. Somit beträgt die Bruttorücklaufquote 7,71%. Die geringe Rücklaufquote ist einerseits darauf zurückzuführen, dass die Umfrage anonym per E-Mail durchgeführt wurde und andererseits, dass viele angeschriebene Unternehmen nicht in das gewünschte Zielraster der Studie passten. Die absolute Teilnehmerzahl von 77 ist jedoch aufgrund des Problems der genauen Adressierbarkeit durchaus zufriedenstellend und überschreitet die geforderte Minimumanzahl von 20 Personen (Unternehmen) deutlich (vgl. Jacob/Eirmbter 2000, S. 93). Mit 50 beantworteten Fragebögen und einem Prozentsatz von 64,9% kam der größte Rücklauf von Unternehmen, deren Heimatland Deutschland ist. Dies ist jedoch aufgrund der großen Datenmenge deutscher angeschriebener Unternehmen nicht verwunderlich. An zweiter und dritter Stelle folgten Unternehmen aus Schweden und den Niederlanden, die sieben bzw. sechs Fragebögen beantworteten. Die verbleibenden 14 Unternehmen verteilen sich auf die Länder Österreich, Dänemark, Finnland, Frankreich, Japan, Afghanistan, Schweiz, Thailand, Vereinigtes Königreich und USA.

Das Greenfield Investment wurde von 53 der 77 in der Stichprobe vertretenen Fälle als dominierende Ansiedlungsform gewählt, 24 Unternehmen entschieden sich für eine Akquisition. Als häufigste Eigentumsform wurde dabei die 100%ige Tochtergesellschaft gewählt (48,1%), gleichauf gefolgt von Mehrheitseigner (13%), 50:50

Joint Venture (13%) und Repräsentanzbüro (13%). Eigentumsformen mit einer Minderheitsbeteiligung wurden nur von 2,6% der befragten Unternehmen gewählt. Interessanterweise produziert ein Großteil der ausländischen Unternehmen in Indien hoch differenzierte Güter (75,3%), während nur eine Minderheit Massengüter herstellt (3,9%). Die restlichen Unternehmen produzieren beide Formen (15,6%). Bei den meisten Befragten wurden zu Beginn des Indienengagements Vertriebs- (72,7%) bzw. Marketingtätigkeiten (63,6%) durchgeführt. Die Mehrheit, der in der Stichprobe befragten Unternehmen hat den Markt als Follower betreten (67,5%), während 31,2% vor den Wettbewerbern in Indien tätig waren. Die meisten Unternehmen hatten zudem Exporterfahrungen bevor sie in Indien eine Direktinvestition durchführten (45,5%), Erfahrungen mit Lizenzierung (11,7%) und Franchising (13%) waren hingegen weniger ausgeprägt. Die Erfolgsvariablen wurden zu einem Großteil als mittelmäßig beurteilt. So wurde der Vertriebserfolg noch am besten bewertet, 37 von 77 Befragten gaben an, zufrieden oder sehr zufrieden mit den Verkaufszahlen zu sein. Beim Marktanteil und der finanziellen Performance gaben dies nur 30 Befragte an.[14]

5.5 Analysemethoden

5.5.1 Faktorenanalyse

a) Methodik

Studien, die eine Vielzahl von möglichen Einflussfaktoren (Variablen) aufweisen, können mittels einer Faktorenanalyse, die von-

---

[14] Eine vollständige Übersicht der deskriptiven Auswertung ist dem Anhang E zu entnehmen.

einander unabhängigen Einflussfaktoren herauskristallisieren, um diese weiteren Analysen zu unterziehen (vgl. Backhaus et al. 2003, S.260). Oftmals ist es wünschenswert, eine vorliegende große Anzahl von Merkmalen auf einige wenige, sich weitgehend erklärende Faktoren zurückzuführen. Ziel der Faktorenanalyse ist es deshalb, diese Faktoren zu bestimmen (vgl. Hartung/Elpelt 1992, S.505). Die Faktorenanalyse versucht dabei, die Korrelationen zwischen einer Vielzahl von Variablen, in Form von einigen wenigen gemeinsamen Faktoren zu bündeln (vgl. Marinell 1990, S.152).

Es wurde mit Hilfe des Analysetools SPSS 17 eine Faktorenanalyse mit Varimax-Rotation durchgeführt. Diese ermöglicht eine inhaltliche Interpretation der Faktorergebnisse und ist eine häufig praktizierte Methode (vgl. Bühl/Zöfel 2002, S.465; Backhaus et al. 2003, S.300). Die angewandte Faktorenanalyse ist im Hinblick auf den methodologischen Standort in den Entdeckungszusammenhang einzuordnen und wird deshalb als explorative Faktorenanalyse bezeichnet, bei der keine feste Anzahl von Faktoren erwartet wird (vgl. Backhaus et al. 2003, S.330). Als Maßstab, ob die vorhandenen Daten generell für eine Faktorenanalyse geeignet sind, kann das Kaiser-Meyer-Olkin Kriterium herangezogen werden. Dieses zeigt an, in welchem Umfang die Ausgangsvariablen zusammengehören und dient somit als Indikator dafür, ob eine Faktorenanalyse sinnvoll erscheint oder nicht. Als Richtgröße sollte der Wert über 0,5 liegen, je höher desto geeigneter sind die vorhandenen Daten (vgl. Backhaus et al. 2003, S.276). Desweiteren müssen zwei Bedingungen erfüllt sein, um Faktoren zu bilden. Zum einen muss die statistische Signifikanz vorhanden sein, welche laut Backhaus et al. (2003) mit der Ladung einer Variablen auf einem Faktor von mindestens 0,5 beschrieben wird (vgl. Gasparic-Fiember 2007, S.215). Zum anderen, muss die inhaltliche Interpretation der Bündelung der Variablen nachvollziehbar sein (vgl. Backhaus et al. 2003, S.264). Hinzukommend muss vor der endgültigen Zusammenlegung der Variablen als Faktoren eine Reliabilitätsanalyse durchgeführt werden. Dabei sollte der Wert des Cronbach's Alpha der zusammengelegten Variablen 0,5 bzw. 0,6 nicht unterschreiten (siehe Anhang H). Bei einem Faktor, der lediglich aus zwei Variablen besteht, sollte die bivariate Korrelation mindestens 0,3 betragen (vgl. Homburg/Baumgartner 1995, S.170; Schmitt 1996, S.351).

b) Resultate der Faktorenanalyse

In die Faktorenanalyse wurden nur Variablen mit einbezogen, welche ein ordinales oder metrisches Skalenniveau besitzen. Variablen mit nominalem Skalenniveau wurden nicht berücksichtigt. Die Ergebnisse der Faktorenanalyse sind dem Anhang G zu entnehmen. Die linke Spalte zeigt die in die Analyse aufgenommen Variablen unter ihrem SPSS Namen. Die Variablen, die eine Ladung von mindestens 0,5 aufweisen und für die Faktorenanalyse statistisch relevant sind, wurden rot markiert. Es konnten insgesamt 17 Komponenten identifiziert werden, wovon 11 auf mindestens zwei Einzelvariablen ausreichend laden. Dies bedeutet, dass theoretisch 11 Gruppen von Variablen untereinander so ähnlich sind, dass sie zu gleichwirkenden Variablenbündeln zusammengefasst werden können (vgl. Gasparic-Fiember 2007, S.217). Im folgenden Schritt wird nun die inhaltliche Interpretation der Variablenbündel vorgenommen um zu prüfen, ob diese zu Faktoren zusammengefasst werden können.

Komponente 1:
- Ressourcen: Technologisches Know-how (r_techkh)
- Ressourcen: Managementfähigkeiten (r_manag)
- Ressourcen: Innovationsvermögen (r_innov)
- Ressourcen: Marketingfähigkeiten (r_marketi)
- Ressourcen: Patente (r_patents)

Es lassen sich Ressourcen zusammenfassen, die auf geistigem Wissen basieren und für den Markteintritt von Bedeutung sind. Es ist nachvollziehbar, dass das Innovationsvermögen eng mit dem technologischen Know-how und somit auch mit den angemeldeten Patenten verknüpft ist. Unternehmen, die dieses Wissen besitzen, sehen ebenfalls die Wichtigkeit in Management- und Marketing-fähigkeiten für einen erfolgreichen Markteintritt. Es kann folglich ein Faktor namens „wissensbezogene Ressourcen" gebildet werden, der unter der Bezeichnung „r_knowledge" in die SPSS Analyse eingeht.

Komponente 2:
- Strategiemotive: Folgen von Hauptkunden (str_follcust)
- Synergiemöglichkeiten: Vertriebssystem (syn_distr)
- Strategiemotive: Höhere Kundennähe (str_custprox)
- Strategiemotive: Wettbewerber Marktanteile abjagen
            (str_compmshar)

Durch das Markteintrittsmotiv „Folgen von Hauptkunden" wird unweigerlich eine höhere Kundennähe erzielt. Zusätzlich macht es bei Investitionen Sinn, die dieses Ziel verfolgen, auf große Synergiemöglichkeiten zwischen der Mutter- und der ausländischen Tochtergesellschaft hinsichtlich des Vertriebssystems zurückzu-greifen, da dieses für die Zielsetzung auch in Indien genutzt werden kann. Durch die geographische Annäherung und das Folgen von Hauptkunden kann es gelingen, Wettbewerbern Marktanteile streitig zu machen, indem somit ein Wettbewerbsvorteil gegenüber der Konkurrenz geschaffen wird. Folglich kann ein Faktor unter dem Namen „vertriebsbezogene Motive" gebildet werden, der die SPSS Bezeichnung „sales_mot" trägt.

Komponente 3:
- Größe der Muttergesellschaft Arbeitnehmerzahl (size_Emp_pc)
- Größe der Tochtergesellschaft Arbeitnehmerzahl (size_Emp_aff)
- Auslandserfahrung allgemein (exp_int)

Unternehmen, die über eine große Anzahl von Mitarbeitern in ihrer Muttergesellschaft verfügen, neigen dazu, auch in Indien Tochtergesellschaften mit tendenziell vielen Mitarbeitern zu gründen. Dies ist logisch, da größere Unternehmen meist auch Investitionen in größerem Umfang vornehmen und dafür eine höhere Anzahl an Mitarbeitern benötigen. Gleichzeitig scheint es, dass größere Unternehmen auch über mehr Auslandserfahrung verfügen. Aufgrund ihrer Größe ist es ihnen möglich, auf mehreren ausländischen Märkten aktiv zu sein und somit auch mehr Erfahrung zu sammeln. Aufgrund des Vorliegens von inkommensurablen Skalen wurde eine Z-Transformation durchgeführt, um die Skalen vergleichen zu können (vgl. Hartung/Elpelt 1992, S.154 ff.). Folglich kann ein Faktor unter dem Namen „Multinationale Größe und Erfahrung" gebildet werden, der die SPSS Bezeichnung „mul_siz_exp" trägt.

Komponente 4:
- Produktadaption: Konsumentenpräferenzen (pradap_cons)
- Produktadaption: Gesetzliche Bestimmungen (pradap_legalreg)
- Produktadaption: Marktstruktur (pradap_mastr

Die Variable „Produktadaption: Religiöse Gründe" wurde aufgrund der geringen Ladung nicht in die inhaltliche Interpretation miteinbezogen. Es kann vermutet werden, dass die Adaptionsgründe miteinander verbunden sind. So bedingt zumeist eine Anpassung aufgrund der Marktstruktur auch eine Anpassung hinsichtlich der Konsumentenpräferenzen. Unternehmen, die ihre Produkte oder Dienstleistungen daraufhin angepasst haben, haben dies auch getan, um den gesetzlichen Bestimmungen Indiens nachzukommen. Es kann folglich ein Faktor namens „Adaptionserfordernisse" gebildet werden, der unter der Bezeichnung „pradap_loc" in die SPSS Analyse eingeht.

Komponente 6:
- Erfahrungen mit Markteintrittsstrategien: Greenfield Investment (exp_greenf)
- Ressourcen: Immobilien (r_estate)
- Ressourcen: Bankkredite (r_loans)
- Ressourcen: Lizenzen (r_licenses)

Unternehmen, die bereits mit Greenfield Investments Erfahrungen gemacht haben, betrachteten die Ressourcen Immobilien, Bankkredite und Lizenzen wichtig für den Erfolg ihres Auslandsengagements. Dies ist nachvollziehbar, da Greenfield Investments oftmals getätigt werden, um Lizenzen oder Patente vor Missbrauch Dritter zu schützen. Desweiteren wird ein Greenfield Investments gegenüber einer Akquisition vollzogen, um die Immobilie frei zu wählen und nach eigenen Wünschen zu gestalten. Dafür können Unternehmen auf Bankkredite angewiesen sein, um die Finanzierung zu sichern. Aufgrund des unzureichenden Cronbach´s Alpha Wertes von 0,539 wurde die Variable „exp_greenf" nicht in den Faktor eingebunden, was den Wert des Cronbach´s Alpha auf 0,724 erhöht hat. Nichtsdestotrotz lassen sich die verbliebenen drei Variablen als Faktor zusammenfassen, der „Greenfield Investment Erfordernisse" genannt wird und unter der Bezeichnung „greenf_needs" in die SPSS Analyse eingeht.

Komponente 7:
- Location Unfamiliarity: Kulturell (locun_cul)
- Unternehmensspezifisches Wissen: F&E Ausgaben (firmsk_rd)

Für die Zusammenfassung dieser Variablen als Faktor konnte keine
ausreichende inhaltliche Interpretation geleistet werden und die
Korrelation ist nicht ausreichend für die Bildung eines Faktors.

Komponente 8:
- Produktadaption: Vertriebskanäle (pradap_distr)
- Ressourcen: Vertriebsnetzwerk (r_distr)

Mit zunehmender Produktadaption aufgrund der Vertriebskanäle
steigt auch die Wichtigkeit eines gut funktionierenden Vertriebsnetz-
werkes. Dies ist logisch, da durch die veränderten Vertriebskanäle
im Vergleich zum Heimatmarkt, das vorhandene oder aufgebaute
Vertriebsnetzwerk eine wichtige Rolle für den Erfolg der Unternehmung spielt. Folglich kann ein Faktor unter dem Namen „Vertriebs-
aktivitäten" gebildet werden, der die SPSS Bezeichnung „sales_act"
trägt.

Komponente 9:
- Strategiemotive: Skaleneffekte (str_econscale)
- Strategiemotive: Kostengünstigere Produktionsmöglichkeiten
  bzw. Dienstleistungen (Outsourcing) (str_outsour)

Die Investitionen, die aus dem Motiv der kostengünstigeren
Produktionsmöglichkeiten bzw. Dienstleistungen durchgeführt
wurden, haben die Konsequenz, dass die Leistungserstellung lokal
durchgeführt wird. Wenn dabei ein großer Teil der Leistungser-
bringung outgesourct wird, können Skaleneffekte erzielt werden. Bei
beiden Dimensionen steht die Kosteneffizienz im Mittelpunkt. Folglich kann ein Faktor gebildet werden, der „kostensenkende Motive"
genannt wird und die SPSS Bezeichnung „str_cost" trägt.

Komponente 10:

- Strategiemotive: Neuen Markt erschließen (str_newmark)
- Ressourcen: Networking Kontakte (r_networ)

Bei Investitionen, die getätigt wurden, um einen neuen Markt zu erschließen, wurden die Networking Kontakte als ein wichtiger Erfolgsfaktor eingestuft. Dies ist nachvollziehbar, da es durch bestehende oder aufgebaute Geschäftskontakte in einem fremden Land einfacher ist, erfolgreich in den Markt einzutreten. Es kann folglich ein Faktor namens „Networking" gebildet werden.

Komponente 12:

- Synergiemöglichkeiten: Technologisches Know-how (syn_techkh)
- Commitment: Finanziell (c_fin)
- Strategiemotive: Bestehenden Markt schützen (str_estabmar)

Bei Investitionen, die hohe technologische Wissenssynergiemöglichkeiten versprechen, sind die Unternehmen bereit, große Finanzmittel bereitzustellen. Dies ist nachvollziehbar, da dieses Wissen zu einem wettbewerbstechnischen Vorteil verhelfen kann. Unternehmen, bei denen dies zutrifft, hatten laut der getätigten Umfrage häufig das Motiv einen bestehenden Markt zu schützen. Es kann vermutet werden, dass diese Unternehmen den indischen Markt bereits zuvor durch andere Internationalisierungsformen bedient haben und durch die Möglichkeit technologisches Know-how in Indien direkt anwenden zu können, eine Direktinvestition vorgenommen haben. Folglich kann ein Faktor namens „Technologiesynergie und Commitment" gebildet werden, der die SPSS Bezeichnung „synstrat" trägt.

Komponente 15:

- Commitment: Umsatz (c_turnov)
- Größe der Muttergesellschaft Umsatz (size_USD_pc)

Unternehmen mit einem hohen Umsatz im Mutterland, haben in Tochterunternehmen in Indien investiert, die ebenfalls einen großen Betrag im Investitionsland umsetzen oder umsetzen werden. Dies ist nachvollziehbar, da größere Unternehmen zumeist auch größere Auslandsinvestitionen tätigen, die wiederum mehr Umsatz generieren können als kleinere Tochterunternehmen. Aufgrund des Vorliegens von inkommensurablen Skalen wurde eine Z-Transformation durchgeführt, um die Skalen vergleichen zu können (vgl. Hartung/Elpelt 1992, S.154ff.). Somit kann ein Faktor namens „Größe und finanzielles Commitment" gebildet werden, der unter der SPSS Bezeichnung „size_fincom" in die Analyse eingeht.

Diese zehn statistisch signifikanten und inhaltlich interpretierten neu gebildeten Faktoren sind noch einmal zusammenfassend Anhang H zu entnehmen. Die Faktoren sollen dabei im Rahmen der folgenden Regressionsanalyse relevant sein und die Einzelvariablen, die in die Faktorenanalyse eingegangen sind, ersetzen.

5.5.2 Logistische Regressionsanalyse

a) Methodik

„Die Regressionsanalyse bildet eines der flexibelsten und am häufigsten eingesetzten statistischen Analyseverfahren. Sie dient der Analyse von Beziehungen zwischen einer abhängigen Variablen und einer oder mehreren unabhängigen Variablen." (Backhaus et al. 2003, S.46)

In dieser Studie ist es jedoch nicht möglich eine lineare Regression
vorzunehmen, da die abhängige Variable Markteintrittsform (mentry)
dichotom verteilt ist. Aus diesem Grund wird eine logistische
Regressionsanalyse angewandt, welche mittels einer logistischen
Funktion diejenige Wahrscheinlichkeit ermittelt, mit der eine unab-
hängige Variable ihren Einfluss auf die abhängige Variable ausübt
(vgl. Gasparic-Fiember 2007, S.220). Im Unterschied zur linearen
Regressionsanalyse, zielt die logistische Regression auf die Ablei-
tung einer Eintrittswahrscheinlichkeit für ein empirisch beobachtetes
Ereignis ab. Desweiteren wird kein linearer, sondern ein monotoner
Zusammenhang der Variablen unterstellt (vgl. Backhaus et al. 2003,
S.418f.).

Aufgrund der Vielzahl der unabhängigen Variablen in dieser Studie
gehen in die Regression nicht alle vorliegenden Variablen einzeln
ein, sondern werden, sofern sie ein ordinales oder metrisches
Skalenniveau besitzen, durch die zuvor gebildeten Faktoren ersetzt.
Zu beachten gilt, dass die Regressoren nicht exakt linear voneinander
abhängig sein dürfen, d.h. keine Multikollinearität existiert. Ansonsten
wäre eine Regressionsanalyse nicht durchführbar. Die Korrelations-
matrix zwischen den Faktoren im Anhang I zeigt, dass dies nicht
der Fall ist und hohe Korrelationen (_0,3) nur selten vorkommen.
Für die Identifikation der relevanten Einflussfaktoren in der Regressionsanalyse wurde ein Signifikanzniveau von _=0,1 gewählt. Als
üblich gelten Vertrauenswahrscheinlichkeiten von 0,95 bis 0,99 (vgl.
Backhaus 2003, S.70). Fahrmeir et al. (1999) halten jedoch auch ein
Signifikanzniveau von 0,1 als akzeptabel, welches empirisch bereits
bei ähnlichen Fragestellungen in vielen Studien verwendet wurde (vgl.
Agarwal/Ramaswami 1992; Erramilli/Rao 1993; Brouthers 2002).
Dies bedeutet, dass die Wahrscheinlichkeit, dass die Nullhypothese
abgelehnt wird, obwohl sie richtig ist 10% beträgt.

b) Resultate der logistischen Regressionsanalyse

Abbildung 5 liefert einen Überblick über die Ergebnisse der durchgeführten Regressionsanalyse:

Optimales Modell nach 6 Iterationsschritten:

	Regressionskoeffizient B	Standardfehler	Wald	df	Sig.	Exp(B)
v_tod_oth=0	1,415	0,641	4,864	1	0,027**	4,116
v_tod_rd=0	-1,514	0,676	5,018	1	0,025**	0,22
sales_mot	-0,635	0,357	3,161	1	0,075*	0,530
Konstante	2,994	1,293	5,357	1	0,021**	

**?=0,05, *?=0,10

Klassifikation:

Beobachtet	Vorhergesagt		
	1=Greenfield Investment	2=Acquisition	% richtig
1=Greenfield Investment	48	3	94,10%
2=Acquisition	16	7	30,40%
% insgesamt	86,50%	13,50%	74,30%

Informationen zur Modellanpassung:

Modell	Kriterien für die Modellanpassung	Likelihood Quotienten Tests		
	2 Log Likelihood	Chi-Quadrat	Freiheitsgrade	Signifikanz
Nur konstanter Term	73,384			
Endgültig	58,024	15,36	3	0,002***

***?=0,01

Modellg,te (Pseudo-R≤):

Nagelkerke-R≤:	0,264
Richtgröße:	akzeptabel ab ? 0,2

Abbildung 5: Ergebnisse der Regressionsanalyse
(Quelle: Eigene Darstellung)

Nach dem Hinzufügen von drei Variablen weist das Modell seinen
höchsten Erklärungsgehalt auf. Als signifikante Variablen haben sich
die Dummy Variablen „Wertschöpfungsaktivitäten Heute: Andere"
(v_tod_oth; _=0,05) und „Wertschöpfungsaktivitäten Heute: F&E"
(v_tod_rd; _=0,05) sowie der Faktor „Vertriebsbezogene Motive"
(sales_mot; _=0,10) herausgestellt.

Die Wirkungsrichtung und -stärke der jeweiligen unabhängigen
Variablen zeigen sich im Regressionskoeffizienten B sowie dem

Effekt-Koeffizienten Exp (B), welche bei der Überprüfung der Hypothesen von Bedeutung sein werden. Die Wald Statistik sowie der Standardfehler spielen bei der Fragestellung eine untergeordnete Rolle (vgl. Backhaus et al. 2003, S.466; Gasparic-Fiember 2007, S.224).

Die Klassifikation zeigt, dass die Regressionsfunktion 74,3% der Werte richtig vorhersagt, dabei kann das Greenfield Investment sogar zu 94,1% richtig prognostiziert werden. Die Anpassungsgüte kann den Informationen zur Modellanpassung entnommen werden, welche aussagen, ob das Modell einen signifikanten Beitrag zur Varianzaufklärung leistet. Mit einer Signifikanz von _= 0,01 und einem Chi-Quadrat Wert von 15,36 liegen die Werte im akzeptablen Bereich (vgl. Backhaus et al. 2003, S.447). Die Güte des Gesamtmodells kann durch verschiedene Pseudo-R_ Werte gemessen werden. Im Fall dieser Untersuchung wird das Pseudo-R_ von Nagelkerke herangezogen, welches einen Wert von 0,264 aufweist und damit laut Backhaus et al. (2003) als akzeptabel eingestuft werden kann. So lässt sich gemäß Nagelkerkes-R_, 26,4% der Varianz bzgl. der Markteintrittsstrategie auf die drei Variablen zurückführen.

Mit diesen Ergebnissen kann sowohl die Güte der Anpassung als auch die Güte des Gesamtmodells als ausreichend dargestellt werden.

5.6 Bezug zu Hypothesen und inhaltliche Interpretation

In Abb. 6 sind nochmals die drei signifikanten Variablen, welche einen Einfluss auf die Ansiedlungsform besitzen, zusammen mit ihren Wirkungszusammenhängen und den daraus abgeleiteten Hypothesen aufgeführt:

Unabhängige Variable	Regressions-koeffizient (B)	Richtung des Wirkungs-zusammenhangs	Abgeleitete Hypothese
Wertschöpfungsaktivitäten Heute: Andere (v_tod_oth)	1,415	positiv	v_tod_oth ? Greenfield
Wertschöpfungsaktivitäten Heute: F&E (v_tod_rd)	-1,514	negativ	v_tod_rd ? Akquisition
Vertriebsbezogene Motive (sales_mot)	-0,635	negativ	sales_mot ? Akquisition
- Strategiemotive: Folgen von Hauptkunden (str_follcust)			
- Synergiemöglichkeiten: Vertriebssystem (syn_distr)			
- Strategiemotive: Höhere Kundennähe (str_custprox)			
- Strategiemotive: Wettbewerber Marktanteile abjagen			

Abbildung 6: Signifikante Variablen mit Wirkungszusammenhängen
(Quelle: Eigene Erhebung)

Durch die Prüfung des Regressionskoeffizienten (B) ist es möglich festzustellen, wie die Wahrscheinlichkeit, dass eine bestimmte Ausprägungsform der abhängigen Variable ein tritt, beeinflusst wird (vgl. Gasparic-Fiember 2007, S.227). Aufgrund der Kodierung des Fragebogens nimmt das Greenfield Investment die Dummy Variable 1 und die Akquisition die Dummy Variable 2 als Ausprägung an, wodurch sich der Wirkungszusammenhang des Regressionskoeffizienten (B) auf das Greenfield Investment (Dummy Variable 1) bezieht.

Die Hypothesen aus Kapitel 5.2.1 hinsichtlich der Wertschöpfungsaktivitäten behaupteten, dass lokal durchgeführte F&E Tätigkeiten eher zur Tätigung einer Akquisition führen werden. Diese Hypothese kann aufgrund der Signifikanz der Variable „Wertschöpfungsaktivitäten Heute: F&E" und des negativen Regressionskoeffizienten (B) von minus 1,514 bestätigt werden.

Unternehmen, die zum heutigen Zeitpunkt lokale F&E Tätigkeiten betreiben, betreten den Markt eher in Form von Akquisitionen. Die inhaltliche Interpretation dieses Ergebnisses ist schwierig. Bei der Hypothesengenerierung wurde vermutet, dass Unternehmen welche F&E Aktivitäten betreiben, Akquisitionen präferieren, da diese schneller aufgenommen werden können. Das Ergebnis der Studie besagt jedoch, dass bei solchen Unternehmen ein signifikanter Einfluss besteht, welche zum heutigen Zeitpunkt und nicht schon zu Beginn des Markteintritts F&E Aktivitäten betreiben. Damit ist das Argument der Zeitersparnis hinfällig. Möglicherweise wurde zu Beginn des Markteintritts auf die erprobten Technologien des akquirierten Unternehmens zurückgegriffen, welche im Laufe der Zeit ihre Wettbewerbsfähigkeit verloren haben und durch eigene F&E Tätigkeiten unterstützt werden mussten.

Für die Variable „Wertschöpfungsaktivitäten Heute: Andere" konnte keine Hypothese aufgestellt werden, da die Bezeichnung „Andere" als Sammelbegriff für Wertschöpfungsaktivitäten diente, die nicht im Fragebogen aufgeführt waren. Die Untersuchung offenbarte jedoch eine Signifikanz der Variable und der Regressionskoeffizient (B) zeigt mit 1,415 einen positiven Wirkungszusammenhang hinsichtlich des Greenfield Investments an.

Unternehmen, die zum heutigen Zeitpunkt Wertschöpfungsaktivitäten betreiben, die andere sind als die im Fragebogen aufgeführten, betreten den Markt eher in Form von Greenfield Investments.

Da der Faktor „vertriebsbezogene Motive" aus mehreren Variablen besteht, müssen hierzu die Hypothesen aus den „Globalen Synergiemöglichkeiten" und „Strategiemotiven" (Kap. 5.2.3 a, b) überprüft werden. Hinsichtlich der Synergiemöglichkeiten wurde die Hypothese aufgestellt, dass große Synergien Unternehmen eher zu Greenfield Investments tendieren lassen. Diese Vermutung kann aufgrund des negativen Wirkungszusammenhangs (Regressionskoeffizient (B) – 0,635) nicht bestätigt werden. Die drei signifikanten Strategiemotive lassen sich in die Gruppierung „markt- und absatzorientierte Investitionsmotive" eingliedern. Die Hypothese, dass diese Investitionsmotive eher zu Akquisitionen führen werden, konnte hingegen durch den negativen Wirkungszusammenhang bestätigt werden. Unternehmen, die ihre Investition aus vertriebs-bezogenen Motiven durchführen, betreten den Markt eher in Form von Akquisitionen.

Das Ergebnis kann inhaltlich so interpretiert werden, dass Unternehmen, welche ihre Investitionen aus vertriebsbezogenen Motiven durchgeführt haben, auf den bestehenden Kundenstamm des übernommenen Unternehmens zugreifen möchten. Eine Akquisition ist die schnellste Möglichkeit, Zugang zu Kunden zu bekommen, was bei vertriebsbezogenen Motiven von großer Bedeutung sein kann.

5.7 Vergleich zu anderen Studienergebnissen

In diesem Kapitel soll erörtert werden, welche signifikanten Zusammenhänge, der hier verwendeten Einflussfaktoren andere Studien hinsichtlich des Markteintritts und der Ansiedlungsform aufgedeckt haben. Um die Auswahl der Studien einzugrenzen und den aktuellen Stand der Forschung aufzuzeigen, wurden nur Forschungsarbeiten der zurückliegenden 10 Jahre betrachtet.

Die Studie von Padmanabhan/Cho (1999) hat gezeigt, dass solche Unternehmen, welche in der Vergangenheit bereits Erfahrungen mit bestimmten Ansiedlungsformen haben sammeln können, dazu tendieren, diese für zukünftige Markteintritte wieder anzuwenden. Zurückzuführen sei dies auf den Organizational-Learning Ansatz, welcher postuliert, dass Unternehmen mit gewonnenen Erfahrungen zukünftige Aktivitäten effizienter gestalten können. In dieser Studie konnte hingegen kein signifikanter Zusammenhang zwischen „Erfahrungen mit Markteintrittsstrategien" und der Ansiedlungsform festgestellt werden.

Die Studie von Brouthers/Brouthers (2000) hat gezeigt, dass die relative Größe der Tochtergesellschaft im Vergleich zur Muttergesellschaft einen signifikanten Einfluss auf die Wahl der Ansiedlungsform hatte. Desto größer die Tochtergesellschaft ist, umso eher wird eine Akquisition vollzogen. Desweiteren konnte gezeigt werden, dass die multinationale Erfahrung der Unternehmung positiv mit der Durchführung eines Greenfield Investments korrelieren. Diese Zusammenhänge konnten in dieser Studie nicht aufgedeckt werden, jedoch sind die Ergebnisse insoweit konform, dass sie zeigten, dass die kulturelle Distanz oder auch „Location Unfamiliarity" keinen signifikanten Einfluss zeigte.

Im Gegensatz dazu stehen die Ergebnisse von Harzing (2002), welche gezeigt haben, dass die kulturelle Distanz einen Einfluss auf die gewählte Ansiedlungsform hat. Desweiteren haben sich die Variablen „relative Größe der Tochtergesellschaft" und „Zeitpunkt des Markteintritts" als signifikant herausgestellt. Hinzukommend konnte Harzing (2002) einen Zusammenhang zwischen der internationalen Unternehmensstrategie und der Ansiedlungsform aufdecken. Es konnte gezeigt werden, dass Unternehmen mit einer globalen Strategie aus Effizienzgesichtspunkten eher Greenfield Investments bevorzugen. Unternehmen mit einer multinationalen Strategie präferieren dagegen eher Akquisitionen, da hierdurch leichter auf lokales Know-how zugegriffen werden kann.

Die Studie von Dikova/Witteloostuijn (2007) konnte ebenfalls aufzeigen, dass die internationale Unternehmensstrategie sowie die internationale Erfahrung die Ansiedlungsform bestimmen. Wie bei Padmanabhan/Cho (1999) konnte gezeigt werden, dass Unternehmen, die in der Vergangenheit Akquisitionen bzw. Greenfield Investments gewählt haben, dies auch weiterhin tun werden. Die Ergebnisse bzgl. der Unternehmensstrategie decken sich ebenfalls mit denen von Harzing (2002). Gasparic-Fiember (2007) konnte aufzeigen, dass die Variablen relative Größe, vertriebsbezogene Wertschöpfungsaktivitäten, Wertschöpfungsaktivität Beschaffung, produktionsgetriebene Investitionen und die Erfahrung mit Markteintrittsformen die Ansiedlungsform bestimmen. Übereinstimmend mit den Ergebnissen des vorliegenden Buches konnte erstmals ein Zusammenhang zwischen Wertschöpfungsaktivitäten und der Ansiedlungsform nachgewiesen werden. Die Signifikanz der Variablen Erfahrung mit Markteintrittsformen und relative Größe der Tochtergesellschaft ist deckungsgleich mit den Ergebnissen anderer Studien (vgl. Padmanbhan/Cho 1999; Brouthers/Brouthers 2000; Harzing 2002). Im Gegensatz zu den Ergebnissen des Buches, bei denen vertriebsbezogene Motive als Einflussfaktor aufgezeigt werden konnten, sind bei Gasparic-Fiember (2007) produktionsgetriebene Investitionsmotive signifikant.

In der Studie von Meyer et al. (2009) wurde gezeigt, dass auch das Herkunftsland einen Effekt auf die gewählte Ansiedlungsform hat. Dieses Ergebnis steht konträr zu den Ergebnissen von Gasparic-Fiember (2007) und der vorliegenden Studie, welche keinen Zusammenhang aufdecken konnten. Dies mag damit zusammenhängen, dass bei Meyer et al. (2009) Joint Ventures als zusätzliche Alternative des Markteintritts in die Untersuchung miteinbezogen wurden.

6 Zusammenfassung

6.1 Zusammenfassung und Erkenntnisbeitrag für Wissenschaft und Praxis

Das vorliegende Buch beinhaltet eine empirische Studie, welche anhand einer Primärdatenerhebung durchgeführt wurde. Diese hatte das Ziel nachzuweisen, welche unternehmensindividuellen Einflussfaktoren sich bei der Wahl der Ansiedlungsform ausländischer Unternehmungen in Indien signifikant aufdecken lassen. Das Datenmaterial wurde zunächst deskriptiv ausgewertet. In einem anschließenden Schritt wurden mittels Faktorenanalyse redundante Variablen im Hinblick auf die logistische Regressionsanalyse zusammengefasst. Dieses logistische Regressionsmodell war maßgebend für die Beantwortung der gestellten Forschungsfrage.

Diese Untersuchung konnte in folgenden Bereichen zu einem Erkenntnisbeitrag beisteuern:

- Die Entscheidung, sich für eine bestimmte Ansiedlungsform festzulegen, hängt insbesondere von strategischen sowie harten Einflussfaktoren ab. So zeigte sich, dass sowohl Strategiemotive gepaart mit Synergiemöglichkeiten als auch Wertschöpfungsaktivitäten, die zum heutigen Zeitpunkt lokal durchgeführt werden, die Wahl der Ansiedlungsform beeinflussen.
- Einer Reihe von Einflussfaktoren, welche als unabhängige Variable in die Untersuchung miteinbezogen wurden, konnte kein signifikanter Zusammenhang mit der Wahl der Ansiedlungsform nachgewiesen werden. Für die Praxis kann dies bedeuten, dass wenig allgemeingültige Einflussfaktoren existieren, die für ausländische Unternehmen in gleicher Weise von Bedeutung sind. Daraus folgernd kann vermutet werden, dass sich

Unternehmen von Faktoren beeinflussen lassen, die aus der
speziellen und individuellen Situation einer jeden Einzelnen
heraus begründet sind.

•   Aufgrund des Mangels an wissenschaftlichen Studien zur
    erhobenen Fragestellung in Indien, lassen sich die Ergebnisse
    dieser Studie nutzen, um gastlandspezifische Vergleiche mit
    durchgeführten Studien in anderen Ländern zu ziehen.

6.2 Implikationen für Wissenschaft und Praxis

Die Ergebnisse der Studie führen vor allem zu einem besseren
Verständnis, welche Faktoren Unternehmen bei der Wahl ihrer
Ansiedlungsform in Indien beeinflussen. Aus theoretischer Sicht
ist diese Fragestellung vor allem in Indien bis zum heutigen Zeitpunkt weitgehend unerforscht. Für zukünftige Studien auf diesem
Gebiet wäre es interessant, die Fragestellung zusätzlich auf die
verschiedenen Eigentumsformen auszuweiten, um somit die
Breite des Markteintritts besser erfassen zu können. Zudem sollte
darauf geachtet werden, eine größere Anzahl von Befragungsteil-
nehmern zu gewinnen oder die Zahl der unabhängigen Variablen zu
verringern, um die Güte der Regression zu erhöhen. Der Vorteil der
Studie ist, dass sowohl kleine und mittelständische Unternehmen
als auch Großkonzerne wie Volvo, Porsche und Siemens aus unterschiedlichen Branchen in die Untersuchung miteinbezogen wurden.
Damit wurde verhindert, dass die Ergebnisse nur im Hinblick auf
einen bestimmten Typus von Unternehmung oder Branche interpretiert werden können, wie dies bei vielen Studien der Fall ist.

Aus Sicht des Unternehmers bzw. Managers ist es wichtig zu wissen,
von welchen Faktoren sich Unternehmen in Indien hinsichtlich ihrer

Markteintrittsstrategie beeinflussen lassen. Somit können sie die wichtigsten Variablen bei ihrem Entscheidungsprozess priorisieren und die Wahl der Ansiedlungsform darauf ausrichten. Im Vergleich zu Studien mit ähnlicher Fragestellung in anderen Ländern wäre es für Manager hilfreich zu vergleichen, ob die gefundenen Ergebnisse kongruent sind oder ob es landesspezifische Unterschiede gibt, welche so als Einflussfaktoren nur in Indien vorkommen.[15]

6.3 Restriktionen

Die Studie beinhaltet einige Restriktionen, die bei der Interpretation bedacht werden müssen:

- Der Rücklauf von $N = 77$ beantworteten Fragebögen stellt zwar ein zufriedenstellendes Ergebnis dar, jedoch wäre aufgrund der Vielzahl der unabhängigen Variablen für die Regressionsanalyse ein günstigeres Verhältnis zwischen der Anzahl der Variablen und der Datenmenge wünschenswert. Aus diesem Grund wurde eine Faktorenanalyse vorgenommen, um die Anzahl der Variablen einzuschränken. Durch das Zusammenfassen und die Reduzierung der Variablen kann der Erklärungsgehalt der Studie gemindert werden.

- Durch die Befragung eines Ereignisses aus heutiger Sicht, das in der Vergangenheit stattgefunden hat, kann es zu Verzerrungen im Antwortverhalten kommen (vgl. Jacob/Eirmbter 2000, S.139). Aufgrund der Tatsache, dass die wirtschaftliche Öffnung Indiens erst Anfang der 1990er Jahre erfolgte und die meisten Markteintritte ausländischer Unternehmen in deren Folge statt-

---

[15] Ein Vergleich mit anderen Studien findet sich bei Gasparic-Fiember (2007), S.233ff.

fanden, ist diese Zeitspanne zwar auf knapp 20 Jahre begrenzt (vgl. Datamonitor 2008, S.13). Dies kann jedoch für Verzerrungen ausreichend sein. Desweiteren besteht die Gefahr, dass die gescheiterten Unternehmen den Markt schon verlassen haben könnten und somit nicht an der Befragung teilnahmen.

- Der weitaus größte Teil der beantworteten Fragebögen stammt von deutschstämmigen Unternehmen gefolgt von Unternehmen aus Schweden und den Niederlanden. Dies lässt die Frage zu, ob die gefundenen Ergebnisse allgemein auf ausländische Unternehmen in Indien übertragen werden können oder ob sie auf diese Länder limitiert sind. Diese Frage kann nicht abschließend beantwortet werden, sondern müsste in weiteren Studien mit einem breiteren Teilnehmerfeld geklärt werden.

- Schriftliche Befragungen besitzen den Nachteil, dass die Kontrolle über den Befragungsteilnehmer nicht möglich ist. So ist es denkbar, dass die angeschriebene Person den Fragebogen weitergeleitet oder sich beim Beantworten mit anderen Personen abgestimmt hat (vgl. Jacob/Eirmbter 2000, S.138).

Sektor	Abschnitt
Primär	Land- und Forstwirtschaft Fischerei und Fischzucht Bergbau und Gewinnung von Steinen und Erden
Sekundär	Verarbeitendes Gewerbe Energie- und Wasserversorgung Baugewerbe
Tertiär	Handel; Instandhaltung und Reparatur von Kraftfahrzeugen und Gebrauchsgütern Gastgewerbe Verkehrs- und Nachrichtenübermittlung Kredit- und Versicherungsgewerbe Grundstücks- und Wohnungswesen, Vermietung beweglicher Sachen, Erbringung von wirtschaftlichen Dienstleistungen Öffentliche Verwaltung, Verteidigung, Sozialversicherung Erziehung und Unterricht Gesundheits-, Veterinär- und Sozialwesen Erbringung von sonstigen öffentlichen und persönlichen Dienstleistungen Private Haushalte mit Hauspersonal Exterritoriale Organisationen und Körperschaften

Dear Sir or Madam,

I am conducting a survey regarding foreign companies that have subsidiaries within India.
If you are working for a non-Indian company, would you please assist me and complete the survey. It is a questionnaire containing 23 questions and takes about 8 minutes to complete.

Your participation is completely voluntary but I would be extremely thankful for your support if you choose to participate. All data that is collected, analysed and implemented is completely anonymous.

If you are interested, I will send you a short summary about the results of the study for free.

Thank you so much! Just click on the link below to participate!

http://ww3.unipark.de/uc/DA_Eberhard/f675/

Manuel Eberhard
Department of International Management
University of Erlangen-Nürnberg
Lange Gasse 20
90403 Nürnberg
Germany

Welcome to my Survey and Thank You Very Much for Participating.

The survey will take about 8 minutes and contains 23 questions about your affiliate in India and your parent company.

Are you interested in the results of the study and would like to receive a free summary?
- ☐ No
- ☐ Yes, please send it to the email address:

....

1. Which entry mode did your company choose for the market entry into India?
- ☐ Greenfield Investment
- ☐ Acquisition

2. Please select your parent company´s home country:

....

3. Which statement would you rather confirm?
- ☐ Our company in India produces/sells mainly standardized bulk goods
- ☐ Our company in India produces/sells mainly highly differentiated, specialized goods
- ☐ Mainly both

4. Which activities did your affiliate in India accomplish at the beginning and which activities do you accomplish today?

	At the beginning of Operations		Today	
	No	Yes	No	Yes
Purchasing	☐	☐	☐	☐
Research & Development	☐	☐	☐	☐
Production of Goods/ Services	☐	☐	☐	☐

	At the beginning of Operations		Today	
	No	Yes	No	Yes
Sales	☐	☐	☐	☐
Marketing	☐	☐	☐	☐
After Sales Service	☐	☐	☐	☐
IT Support	☐	☐	☐	☐
Other	☐	☐	☐	☐

5. How would you estimate the differences between India and the home country of your parent company in relation to:

	No Differences	Moderate Differences	Huge Differences
Culture	☐	☐	☐
Political System	☐	☐	☐
Economic Conditions	☐	☐	☐
Legal System	☐	☐	☐
Technological Conditions	☐	☐	☐

6. At the time of your investment in India, did there already exist other affiliates of foreign companies in your industry?

	No	Yes
	☐	☐

7. How important were the following motives for your company´s investment in India?

	No Impact		Moderate Impact		Huge Impact
Developing new market	☐	☐	☐	☐	☐
Protecting of established market	☐	☐	☐	☐	☐
Exploitation of the size and dynamic of the market	☐	☐	☐	☐	☐
Risk minimization through geographic diversification	☐	☐	☐	☐	☐
Following of major customers	☐	☐	☐	☐	☐
Enhancing customer proximity	☐	☐	☐	☐	☐
Extending product life cyclus	☐	☐	☐	☐	☐
Average cost reduction through expanding sales volume	☐	☐	☐	☐	☐
Gain competitors` market share	☐	☐	☐	☐	☐
Cost saving outsourcing of production/services	☐	☐	☐	☐	☐

8. How important were the following resources for the success of your affiliate in India in the last years of operation?

	No Impact		Moderate Impact		Huge Impact
Buildings and Real Estate	☐	☐	☐	☐	☐
Brand Name(s)	☐	☐	☐	☐	☐
Business and Network Relationships	☐	☐	☐	☐	☐
Distribution Network	☐	☐	☐	☐	☐
Equity	☐	☐	☐	☐	☐
Innovation Capabilities	☐	☐	☐	☐	☐
Licenses	☐	☐	☐	☐	☐
Loans	☐	☐	☐	☐	☐
Machinery and Equipment	☐	☐	☐	☐	☐
Managerial Capabilities	☐	☐	☐	☐	☐
Marketing Capabilities	☐	☐	☐	☐	☐
Patents	☐	☐	☐	☐	☐
Technological Know How	☐	☐	☐	☐	☐

Our parent company ☐   ☐   ☐   ☐   ☐
has made (or will
make) a huge capital
commitment to the
affiliate in India

We have hired (or ☐   ☐   ☐   ☐   ☐
will hire) a large
number of employees
for the affiliate
in India

The affiliate in India ☐   ☐   ☐   ☐   ☐
is generating (or will
generate) a considerable
amount of sales for
the parent company

11. Which proportion of total turnover at the affiliate in India is spend for:

	No Proportion		Moderate Proportion		High Proportion
Research & Development	☐	☐	☐	☐	☐
Marketing	☐	☐	☐	☐	☐

12. To which extend have the products or processes at the Indian affiliate been adapted to the local market due to following factors:

	No Adaption		Moderate Adaption		High Adaption
Legal requirements	☐	☐	☐	☐	☐
Consumer preferences	☐	☐	☐	☐	☐
Religious reasons	☐	☐	☐	☐	☐
Market structure	☐	☐	☐	☐	☐

	No Adaption		Moderate Adaption		High Adaption
Distribution channels	☐	☐	☐	☐	☐

Other reason: ....

13. Before establishing the affiliate in India - had the parent company already business activities in/with India?

	No	Yes
Exporting	☐	☐
Licensing	☐	☐
Franchising	☐	☐
Other forms	☐	☐

14. In which industry does your company in India mainly operate?

....

15. Approximately how large is the turnover of:

your company worldwide? (in US $)...

your affiliate in India? (in India Rupees).................................

16. Approximately how many employees does your company have:

worldwide?...

in India?...

17. What is the legal form of your affiliate?

☐   Private Limited Company
☐   Public Limited Company
☐   Other

18. What is the share of the parent company in your affiliate?

☐   Representative Office
☐   Minority Share
☐   50:50 Joint Venture
☐   Majority Share
☐   Wholly Owned Subsidiary

19. Approximately for how many years is your parent company doing business internationally?

in years ....

20. Before entering India how much experience did your parent company have with the following market entry modes?

	No Experience		Moderate Experience		Huge Experience
Greenfield Investment	☐	☐	☐	☐	☐
Acquisition	☐	☐	☐	☐	☐

21. How would you characterize your parent company´s international strategy?

	Totally Disagree		Agree in Parts		Totally Agree
Our company´s strategy is focused on achieving economies of scale by concentrating its important activities at a limited number of locations	☐	☐	☐	☐	☐
Our company´s competitive position is defined in worldwide terms. Different national product markets are closely linked and interconnected. Competition takes place on a global basis.	☐	☐	☐	☐	☐
Our company´s competitive strategy is to let each subsidiary compete on a domestic level as national product markets are judjed too different to make competition on a global level possible	☐	☐	☐	☐	☐
Our company not only recognizes national differences in taste and values, but actually tries to respond to these national differences by consciously adapting products and policiesto the local market	☐	☐	☐	☐	☐

22. How do you evaluate the success of your affiliate in India in the last five years

	Very Bad		Moderate		Very Good
Sales	☐	☐	☐	☐	☐
Market Share	☐	☐	☐	☐	☐
Financial performance	☐	☐	☐	☐	☐

23. One last question concerning you:

What kind of position do you have at the Indian affiliate?

....

....

Thank you very much for participating!

Nr	Variable	SPSS Name	Frage Nr (Fragebogen)	Skalierung	Operationsanalisierung	Wertebereich	Faktor-analyse	Regresions-analyse
1	Markteintritts-form	mentry	1	Nominal	Dummy	1=Greenfield 2=Akquisition	nein	ja
2	Größe der Mutter	size_pc	15a, 16a	Metrisch	Anzahl der Mitarbeiter, Jahres-umsatz		ja	nein
	Größe der Mutter (Mitarbeiter)	size_Emp_pc						
	Größe der Mutter (Umsatz)	size_USD_pc						
3	Größe der Tochtergesell-schaft	size_aff	15b, 16b	Metrisch	Anzahl der Mitarbeiter, Jahres-umsatz		ja	nein
	Größe der Tochter (Mitarbeiter)	size_Emp_aff						
4	Produktei-genschaften: Standardisierte Güter	p_stand	3a	Nominal	Dummy	1=Standardisierte Güter 2=Differenzierte Güter 3=Beides	nein	ja
5	Transaktions-häufigkeit: Gütertransfer	t_gtransfer	10a	Ordinal	Likert Skala	1=trifft nicht zu 2 3=trifft nicht zu 4 5=trifft voll zu	ja	nein
6	Transaktions-häufigkeit: Technologie-transfer	t_ttransfer	10b	Ordinal	Likert Skala	1=trifft nicht zu 2 3=trifft teilweise zu 4 5=trifft voll zu	ja	nein
7	Commitment: Finanziell	c_fin	10c	Ordinal	Likert Skala	1=trifft nicht zu 2 3=trifft teilweise zu 4 5=trifft voll zu	ja	nein
8	Commitment: Mitarbeiter	c_empl	10d	Ordinal	Likert Skala	1=trifft nicht zu 2 3=trifft teilweise zu 4 5=trifft voll zu	ja	nein
9	Commitment: Umsatz	c_turnov	10e	Ordinal	Likert Skala	1=trifft nicht zu 2 3=trifft teilweise zu 4 5=trifft voll zu	ja	nein
10	Ressourcen: Immobilien	r_estate	8a	Ordinal	Likert Skala	1=nicht wichtig 2 3=mäßig wichtig 4 5=sehr wichtig	ja	nein
11	Ressourcen: Markenname	r_bname	8b	Ordinal	Likert Skala	1=nicht wichtig 2 3=mäßig wichtig 4 5=sehr wichtig	ja	nein
12	Ressourcen: Notwendige Kontakte	r_networ	8c	Ordinal	Likert Skala	1=nicht wichtig 2 3=mäßig wichtig 4 5=sehr wichtig	ja	nein

Nr	Variable	SPSS Name	Frage Nr (Fragebogen)	Skalierung	Operationsanalisierung	Wertebereich	Faktor-analyse	Regresions-analyse
13	Ressourcen: Vertriebsnetz-werk	r_distr	8d	Ordinal	Likert Skala	1=nicht wichtig 2 3=mäßig wichtig 4 5=sehr wichtig	ja	nein
14	Ressourcen: Kapitalausstat-tung	r_equity	8e	Ordinal	Likert Skala	1=nicht wichtig 2 3=mäßig wichtig 4 5=sehr wichtig	ja	nein
15	Ressourcen: Innovations-vermögen	r_innov	8f	Ordinal	Likert Skala	1=nicht wichtig 2 3=mäßig wichtig 4 5=sehr wichtig	ja	nein
16	Ressourcen: Lizenzen	r_licenses	8g	Ordinal	Likert Skala	1=nicht wichtig 2 3=mäßig wichtig 4 5=sehr wichtig	ja	nein
17	Ressourcen: Bankkredite	r_loans	8h	Ordinal	Likert Skala	1=nicht wichtig 2 3=mäßig wichtig 4 5=sehr wichtig	ja	nein
18	Ressourcen: Maschinen und Anlagen	r_machin	8i	Ordinal	Likert Skala	1=nicht wichtig 2 3=mäßig wichtig 4 5=sehr wichtig	ja	nein
19	Ressourcen: Management-fähigkeiten	r_manag	8j	Ordinal	Likert Skala	1=nicht wichtig 2 3=mäßig wichtig 4 5=sehr wichtig	ja	nein
20	Ressourcen: Marketingfä-higkeiten	r_marketi	8k	Ordinal	Likert Skala	1=nicht wichtig 2 3=mäßig wichtig 4 5=sehr wichtig	ja	nein
21	Ressourcen: Patente	r_patents	8l	Ordinal	Likert Skala	1=nicht wichtig 2 3=mäßig wichtig 4 5=sehr wichtig	ja	nein
22	Ressourcen: Technologi-sches Know How	r_techkh	8m	Ordinal	Likert Skala	1=nicht wichtig 2 3=mäßig wichtig 4 5=sehr wichtig	ja	nein
23	Ressourcen: Andere	r_other	8n	Ordinal	Likert Skala	1=nicht wichtig 2 3=mäßig wichtig 4 5=sehr wichtig	ja	nein
24	Wertschöp-fungsaktivitä-ten Anfang Einkauf	v_beg_purch	4a	Nominal	Dummy	0=nein 1=ja	nein	ja
	Wertschöp-fungsaktivi-täten Heute: Einkauf	v_tod_purch	4b	Nominal	Dummy	0=nein 1=ja	nein	ja

Nr	Variable	SPSS Name	Frage Nr (Fragebogen)	Skalierung	Operationsanalisierung	Wertebereich	Faktor-analyse	Regresions-analyse
25	Wertschöpfungsaktivitäten Anfang F&E	v_beg_rd	4c	Nominal	Dummy	0=nein 1=ja	nein	ja
	Wertschöpfungsaktivitäten Heute: F&E	v_tod_rd	4d	Nominal	Dummy	0=nein 1=ja	nein	ja
26	Wertschöpfungsaktivitäten Anfang Produktion	v_beg_prod	4e	Nominal	Dummy	0=nein 1=ja	nein	ja
	Wertschöpfungsaktivitäten Heute: Produktion	v_tod_prod	4f	Nominal	Dummy	0=nein 1=ja	nein	ja
27	Wertschöpfungsaktivitäten Anfang Vertrieb	v_beg_sales	4g	Nominal	Dummy	0=nein 1=ja	nein	ja
	Wertschöpfungsaktivitäten Heute: Vertrieb	v_tod_Sales	4h	Nominal	Dummy	0=nein 1=ja	nein	ja
28	Wertschöpfungsaktivitäten Anfang Marketing	v_beg_market	4i	Nominal	Dummy	0=nein 1=ja	nein	ja
	Wertschöpfungsaktivitäten Heute: Marketing	v_tod_market	4j	Nominal	Dummy	0=nein 1=ja	nein	ja
29	Wertschöpfungsaktivitäten Anfang Sales Service	v_beg_after	4k	Nominal	Dummy	0=nein 1=ja	nein	ja
	Wertschöpfungsaktivitäten Heute: Sales Service	v_tod_after	4l	Nominal	Dummy	0=nein 1=ja	nein	ja
30	Wertschöpfungsaktivitäten Anfang IT Support	v_beg_it	4m	Nominal	Dummy	0=nein 1=ja	nein	ja
	Wertschöpfungsaktivitäten Heute: IT Support	v_tod_it	4n	Nominal	Dummy	0=nein 1=ja	nein	ja
31	Wertschöpfungsaktivitäten Anfang Andere	v_beg_oth	4o	Nominal	Dummy	0=nein 1=ja	nein	ja
	Wertschöpfungsaktivitäten Heute: Andere	v_tod_oth	4p	Nominal	Dummy	0=nein 1=ja	nein	ja
32	Herkunftsland	home_country	2	Metisch	Name des Landes		ja	nein
33	Branchensektor	isector	14	Nominal	Dummy	1=primär 2=sekundär 3=tertiär	nein	ja

Nr	Variable	SPSS Name	Frage Nr (Fragebogen)	Skalierung	Operationsanalisierung	Wertebereich	Faktor-analyse	Regressions-analyse
34	Auslands-erfahrung allgemein	exp_int	19	Metrisch	Anzahl der Jahre	2-160	ja	nein
35	Erfahrungen mit Marktein-trittsstrategien Greenfield Investment	exp_greenf	20a	Ordinal	Likert Skala	1=keine 2 3=mäßig Erfahrung 4 5=viel Erfahrung	ja	nein
36	Erfahrungen mit Marktein-trittsstrategien Akquisitionen	exp_acq	20b	Ordinal	Likert Skala	1=keine 2 3=mäßig Erfahrung 4 5=viel Erfahrung	ja	nein
37	Vorherige Erfahrung	e_past	13 a-d	Nominal	Dummy	1=keine Erfahrung 1=min. 1 Form von Erfahrung	nein	ja
38	Erfahrung Export	e_export	13a	Nominal	Dummy	1=nein 1=ja	nein	nein
39	Erfahrung Lizensierung	e_licens	13b	Nominal	Dummy	1=nein 1=ja	nein	nein
40	Erfahrung Frenchising	e_franch	13c	Nominal	Dummy	1=nein 1=ja	nein	nein
41	Erfahrung Andere	e_other	13d	Nominal	Dummy	1=nein 1=ja	nein	nein
42	Location Unfamiliarity: Kulturell	locun_cul	5a	Ordinal	Likert Skala	1=keine Unterschiede 2 3=mäßig Unterschiede 4 5=große Unterschiede	ja	nein
43	Location Unfamiliarity: Politisches System	locun_pol	5b	Ordinal	Likert Skala	1=keine Unterschiede 2 3=mäßig Unterschiede 4 5=große Unterschiede	ja	nein
44	Location Unfamiliarity: Ökonomische Bedingungen	locun_econ	5c	Ordinal	Likert Skala	1=keine Unterschiede 2 3=mäßig Unterschiede 4 5=große Unterschiede	ja	nein
45	Location Unfamiliarity: Rechtssystem	locun_laws	5d	Ordinal	Likert Skala	1=keine Unterschiede 2 3=mäßig Unterschiede 4 5=große Unterschiede	ja	nein
46	Location Unfamiliarity: Technologische Bedingungen	locun_tech	5e	Ordinal	Likert Skala	1=keine Unterschiede 2 3=mäßig Unterschiede 4 5=große Unterschiede	ja	nein

Nr	Variable	SPSS Name	Frage Nr (Fragebogen)	Skalierung	Operationsanalisierung	Wertebereich	Faktor-analyse	Regresions-analyse
47	Unternehmens-spezifisches Wissen F&E Ausgaben	firmsk_rd	11a	Ordinal	ikert Skala	1=kein Anteil 2 3=mittelmäßiger Anteil 4 5=großer Anteil	ja	nein
48	Unternehmens-spezifisches Marketing Ausgaben	firmsk_mark	11b	Ordinal	Likert Skala	1=kein Anteil 2 3=mittelmäßiger Anteil 4 5=großer Anteil	ja	nein
49	Produkt-adaption: Gesetzliche Bestimmungen	pradap_legalreg	12a	Ordinal	Likert Skala	1=keine Anpassung 2 3=moderate Anpassung 4 5=weitreichende Anpassung	ja	nein
50	Produkt-adaption: Konsumenten-preäferenzen	pradap_cons	12b	Ordinal	Likert Skala	1=keine Anpassung 2 3=moderate Anpassung 4 5=weitreichende Anpassung	ja	nein
51	Produkt-adaption: Religiöse Gründe	pradap_rel	12c	Ordinal	Likert Skala	1=keine Anpassung 2 3=moderate Anpassung 4 5=weitreichende Anpassung	ja	nein
52	Produkt-adaption: Marktstruktur	pradap_mastr	12d	Ordinal	Likert Skala	1=keine Anpassung 2 3=moderate Anpassung 4 5=weitreichende Anpassung	ja	nein
53	Produkt-adaption: Vertriebs kanäle	pradap_distr	12e	Ordinal	Likert Skala	1=keine Anpassung 2 3=moderate Anpassung 4 5=weitreichende Anpassung	ja	nein
54	Produkt-adaption: Andere	pradap_other	12f	Ordinal	Likert Skala	1=keine Anpassung 2 3=moderate Anpassung 4 5=weitreichende Anpassung	ja	nein
55	Synergiemög-lichkeiten: Technologi-sches Know Hox	syn_techkh	9a	Ordinal	Likert Skala	1=kein Anteil 2 3=mittlerer Anteil 4 5=großer Anteil	ja	nein

Nr	Variable	SPSS Name	Frage Nr (Fragebogen)	Skalierung	Operationsanalisierung	Wertebereich	Faktor-analyse	Regresions-analyse
56	Synergiemög-lichkeiten: Marketing Know How	syn_marketing	9b	Ordinal	ikert Skala	1=kein Anteil 2 3=mittlerer Anteil 4 5=großer Anteil	ja	nein
57	Synergiemög-lichkeiten: F&E	syn_rd	9c	Ordinal	Likert Skala	1=kein Anteil 2 3=mittlerer Anteil 4 5=großer Anteil	ja	nein
58	Synergiemög-lichkeiten: Vertriebs-system	syn_distr	9d	Ordinal	Likert Skala	1=kein Anteil 2 3=mittlerer Anteil 4 5=großer Anteil	ja	nein
59	Strategie-motive: Neuen Markt erschließen	str_newmark	7a	Ordinal	Likert Skala	1=kein Einfluß 2 3=mäßiger Einfluß 4 5=großer Einfluß	ja	nein
60	Strategie-motive: Bestehenden Markt stören	str_estabmar	7b	Ordinal	Likert Skala	1=kein Einfluß 2 3=mäßiger Einfluß 4 5=großer Einfluß	ja	nein
61	Strategie-motive: Ausnutzung der Größe & Dynamik des Landes	str_sidy	7c	Ordinal	Likert Skala	1=kein Einfluß 2 3=mäßiger Einfluß 4 5=großer Einfluß	ja	nein
62	Strategie-motive: Risikominde-rung durch geographische Diversifizie-rung	str_geodiv	7d	Ordinal	Likert Skala	1=kein Einfluß 2 3=mäßiger Einfluß 4 5=großer Einfluß	ja	nein
63	Strategie-motive: Folge von Hauptkunden	str_follcust	7e	Ordinal	Likert Skala	1=kein Einfluß 2 3=mäßiger Einfluß 4 5=großer Einfluß	ja	nein
64	Strategie-motive: Höhere Kundennähe	str_custprox	7f	Ordinal	Likert Skala	1=kein Einfluß 2 3=mäßiger Einfluß 4 5=großer Einfluß	ja	nein
65	Strategie-motive: Verlängerung des Produktle-benszyklus	str_prodlicy	7g	Ordinal	Likert Skala	1=kein Einfluß 2 3=mäßiger Einfluß 4 5=großer Einfluß	ja	nein
66	Strategie-motive: Skaleneffekte	str_ecoscale	7h	Ordinal	Likert Skala	1=kein Einfluß 2 3=mäßiger Einfluß 4 5=großer Einfluß	ja	nein

Nr	Variable	SPSS Name	Frage Nr (Fragebogen)	Skalierung	Operationsanalisierung	Wertebereich	Faktor-analyse	Regresions-analyse
67	Strategie-motive: Wettbewerber Marktanteil abjagen	str_compms-har	7i	Ordinal	Likert Skala	1=kein Einfluß 2 3=mäßiger Einfluß 4 5=großer Einfluß	ja	nein
68	Strategie-motive: Kosten-günstigere Produktions-möglichkeiten bzw. Dienst-leistungen (Outsourcen)	str_out-sour	7j	Ordinal	Likert Skala	1=kein Einfluß 2 3=mäßiger Einfluß 4 5=großer Einfluß	ja	nein
69	Markteintritts-punkt	time_mentry	6	Nominal	Dummy	1=nein 2=ja	nein	ja
70	Intern. Unternehmens-strategie	intstra-tegie	21 a-d	Nominal	Konstrukt basierend auf vier Likert Fragen zu berechnen durch Cluster Analyse	1=Globale Strategie 20=Multilokale Strategie	nein	nein
71	Rechtsform der Tochtergesell-schaft	legfor_aff	17	Nominal	Dummy	1=Private Limited Company 2=Public Limited Company 3=Other	nein	nein
72	Anteil der Mutter-gesellschaft	share_pc	18	Nominal	Dummy	1=Representive Office 2=Minority Share 3=50:50 Joint Venture 4=Majority Share 5=Wholly Owned Subsidiary	nein	nein
73	Erfolg Tochtergesell-schaft Indien: Vertrieb	succ_aff_sal	22a	Ordinal	Libert	1=very bad 2 3=moderate 4= 5=very good	nein	nein
74	Erfolg Tochtergesell-schaft Indien: Marktanteil	succ_aff_ms	22b	Ordinal	Libert	1=very bad 2 3=moderate 4= 5=very good	nein	nein
75	Erfolg Tochtergesell-schaft Indien: Finanzen	succ_aff_fin	22c	Ordinal	Libert	1=very bad 2 3=moderate 4= 5=very good	nein	nein
76	Position des Befragten	pos_partic	23	Metrisch	Angabe der Position		nein	nein

mentry Entry Mode

		Häufigkeit	Prozent	Gültige Prozente	Kumulierte Prozente
Gültig	1 Greenfield Investment	53	68,8	68,8	68,8
	2 Acquisition	24	31,2	31,2	100,0
	Gesamt	77	100,0	100,0	

home_country Country Parent Company

		Häufigkeit	Prozent	Gültige Prozente	Kumulierte Prozente
Gültig	1 Afghanistan	1	1,3	1,3	1,3
	18 Austria	1	1,3	1,3	2,6
	65 Denmark	1	1,3	1,3	3,9
	80 Finland	1	1,3	1,3	5,2
	81 France	1	1,3	1,3	6,5
	88 Germany	50	64,9	64,9	71,4
	119 Japan	1	1,3	1,3	72,7
	167 Netherlands	6	7,8	7,8	80,5
	228 Sweden	7	9,1	9,1	89,6
	229 Switzerland	3	3,9	3,9	93,5
	234 Thailand	1	1,3	1,3	94,8
	248 United Kingdom	1	1,3	1,3	96,1
	249 United States	3	3,9	3,9	100,0
	Gesamt	77	100,0	100,0	

p_stand Product Characteristics

		Häufigkeit	Prozent	Gültige Prozente	Kumulierte Prozente
Gültig	1 Our company in India produces/sells mainly standardized bulk	3	3,9	4,1	4,1
	2 Our company in India produces/sells mainly highly differenti	58	75,3	79,5	83,6
	3 Mainly both	12	15,6	16,4	100,0
	Gesamt	73	94,8	100,0	
Fehlend	0	4	5,2		
Gesamt		77	100,0		

v_beg_purch Purchasing in the Beginning

		Häufigkeit	Prozent	Gültige Prozente	Kumulierte Prozente
Gültig	0 No	47	61,0	61,0	61,0
	1 Yes	30	39,0	39,0	100,0
	Gesamt	77	100,0	100,0	

v_tod_purch Purchasing Today

		Häufigkeit	Prozent	Gültige Prozente	Kumulierte Prozente
Gültig	0 No	35	45,5	45,5	45,5
	1 Yes	42	54,5	54,5	100,0
	Gesamt	77	100,0	100,0	

v_beg_rd Research&Development in the Beginning

		Häufigkeit	Prozent	Gültige Prozente	Kumulierte Prozente
Gültig	0 No	57	74,0	74,0	74,0
	1 Yes	20	26,0	26,0	100,0
	Gesamt	77	100,0	100,0	

v_tod_rd Research&Development Today

		Häufigkeit	Prozent	Gültige Prozente	Kumulierte Prozente
Gültig	0 No	43	55,8	55,8	55,8
	1 Yes	34	44,2	44,2	100,0
	Gesamt	77	100,0	100,0	

v_beg_prod Production of Goods/Services in the Beginning

		Häufigkeit	Prozent	Gültige Prozente	Kumulierte Prozente
Gültig	0 No	41	53,2	53,2	53,2
	1 Yes	36	46,8	46,8	100,0
	Gesamt	77	100,0	100,0	

v_tod_prod Production of Goods/Services Today

		Häufigkeit	Prozent	Gültige Prozente	Kumulierte Prozente
Gültig	0 No	34	44,2	44,2	44,2
	1 Yes	43	55,8	55,8	100,0
	Gesamt	77	100,0	100,0	

v_beg_sales Sales in the Beginning

		Häufigkeit	Prozent	Gültige Prozente	Kumulierte Prozente
Gültig	0 No	21	27,3	27,3	27,3
	1 Yes	56	72,7	72,7	100,0
	Gesamt	77	100,0	100,0	

v_tod_sales Sales Today

		Häufigkeit	Prozent	Gültige Prozente	Kumulierte Prozente
Gültig	0 No	18	23,4	23,4	23,4
	1 Yes	59	76,6	76,6	100,0
	Gesamt	77	100,0	100,0	

v_beg_market Marketing in the Beginning

		Häufigkeit	Prozent	Gültige Prozente	Kumulierte Prozente
Gültig	0 No	28	36,4	36,4	36,4
	1 Yes	49	63,6	63,6	100,0
	Gesamt	77	100,0	100,0	

v_tod_market Marketing Today

		Häufigkeit	Prozent	Gültige Prozente	Kumulierte Prozente
Gültig	0 No	20	26,0	26,0	26,0
	1 Yes	57	74,0	74,0	100,0
	Gesamt	77	100,0	100,0	

v_beg_after After Sales Service in the Beginning

		Häufigkeit	Prozent	Gültige Prozente	Kumulierte Prozente
Gültig	0 No	31	40,3	40,3	40,3
	1 Yes	46	59,7	59,7	100,0
	Gesamt	77	100,0	100,0	

v_tod_after After Sales Service Today

		Häufigkeit	Prozent	Gültige Prozente	Kumulierte Prozente
Gültig	0 No	23	29,9	29,9	29,9
	1 Yes	54	70,1	70,1	100,0
	Gesamt	77	100,0	100,0	

v_beg_it IT Support in the Beginning

		Häufigkeit	Prozent	Gültige Prozente	Kumulierte Prozente
Gültig	0 No	62	80,5	80,5	80,5
	1 Yes	15	19,5	19,5	100,0
	Gesamt	77	100,0	100,0	

v_tod_it IT Support Today

		Häufigkeit	Prozent	Gültige Prozente	Kumulierte Prozente
Gültig	0 No	42	54,5	54,5	54,5
	1 Yes	35	45,5	45,5	100,0
	Gesamt	77	100,0	100,0	

v_beg_oth Other in the Beginning

		Häufigkeit	Prozent	Gültige Prozente	Kumulierte Prozente
Gültig	0 No	57	74,0	74,0	74,0
	1 Yes	20	26,0	26,0	100,0
	Gesamt	77	100,0	100,0	

v_tod_oth Other Today

		Häufigkeit	Prozent	Gültige Prozente	Kumulierte Prozente
Gültig	0 No	48	62,3	62,3	62,3
	1 Yes	29	37,7	37,7	100,0
	Gesamt	77	100,0	100,0	

locun_cul Culture

		Häufigkeit	Prozent	Gültige Prozente	Kumulierte Prozente
Gültig	2	3	3,9	3,9	3,9
	3 Moderate Differences	13	16,9	17,1	21,1
	4	19	24,7	25,0	46,1
	5 Huge Differences	41	53,2	53,9	100,0
	Gesamt	76	98,7	100,0	
Fehlend	0	1	1,3		
Gesamt		77	100,0		

locun_pol Political System

		Häufigkeit	Prozent	Gültige Prozente	Kumulierte Prozente
Gültig	1 No Differences	2	2,6	2,6	2,6
	2	2	2,6	2,6	5,3
	3 Moderate Differences	25	32,5	32,9	38,2
	4	18	23,4	23,7	61,8
	5 Huge Differences	29	37,7	38,2	100,0
	Gesamt	76	98,7	100,0	
Fehlend	0	1	1,3		
Gesamt		77	100,0		

locun_econ Economic Conditions

		Häufigkeit	Prozent	Gültige Prozente	Kumulierte Prozente
Gültig	1 No Differences	1	1,3	1,3	1,3
	2	1	1,3	1,3	2,6
	3 Moderate Differences	8	10,4	10,5	13,2
	4	25	32,5	32,9	46,1
	5 Huge Differences	41	53,2	53,9	100,0
	Gesamt	76	98,7	100,0	
Fehlend	0	1	1,3		
Gesamt		77	100,0		

locun_laws Legal System

		Häufigkeit	Prozent	Gültige Prozente	Kumulierte Prozente
Gültig	1 No Differences	1	1,3	1,3	1,3
	2	2	2,6	2,6	3,9
	3 Moderate Differences	24	31,2	31,6	35,5
	4	17	22,1	22,4	57,9
	5 Huge Differences	32	41,6	42,1	100,0
	Gesamt	76	98,7	100,0	
Fehlend	0	1	1,3		
Gesamt		77	100,0		

locun_tech Technological Conditions

		Häufigkeit	Prozent	Gültige Prozente	Kumulierte Prozente
Gültig	1 No Differences	1	1,3	1,3	1,3
	2	8	10,4	10,7	12,0
	3 Moderate Differences	25	32,5	33,3	45,3
	4	15	19,5	20,0	65,3
	5 Huge Differences	26	33,8	34,7	100,0
	Gesamt	75	97,4	100,0	
Fehlend	0	2	2,6		
Gesamt		77	100,0		

time_mentry At the time of your investment in India, did there already exist other affiliates of foreign companies in your industry?

		Häufigkeit	Prozent	Gültige Prozente	Kumulierte Prozente
Gültig	1 No	24	31,2	31,6	31,6
	2 Yes	52	67,5	68,4	100,0
	Gesamt	76	98,7	100,0	
Fehlend	0	1	1,3		
Gesamt		77	100,0		

str_newmark Developing new market

		Häufigkeit	Prozent	Gültige Prozente	Kumulierte Prozente
Gültig	1 1=No Impact	3	3,9	4,0	4,0
	2 2	3	3,9	4,0	8,0
	3 3=Moderate Impact	12	15,6	16,0	24,0
	4 4	20	26,0	26,7	50,7
	5 5=Huge Impact	37	48,1	49,3	100,0
	Gesamt	75	97,4	100,0	
Fehlend	0	2	2,6		
Gesamt		77	100,0		

str_estabmar Protecting of established market

		Häufigkeit	Prozent	Gültige Prozente	Kumulierte Prozente
Gültig	1 1=No Impact	18	23,4	25,4	25,4
	2 2	19	24,7	26,8	52,1
	3 3=Moderate Impact	12	15,6	16,9	69,0
	4 4	14	18,2	19,7	88,7
	5 5=Huge Impact	8	10,4	11,3	100,0
	Gesamt	71	92,2	100,0	
Fehlend	0	6	7,8		
Gesamt		77	100,0		

str_sidy Exploitation of the size and dynamic of the market

		Häufigkeit	Prozent	Gültige Prozente	Kumulierte Prozente
Gültig	1 1=No Impact	2	2,6	2,7	2,7
	2 2	4	5,2	5,3	8,0
	3 3=Moderate Impact	19	24,7	25,3	33,3
	4 4	26	33,8	34,7	68,0
	5 5=Huge Impact	24	31,2	32,0	100,0
	Gesamt	75	97,4	100,0	
Fehlend	0	2	2,6		
Gesamt		77	100,0		

str_geodiv Risk minimization through geographic diversification

		Häufigkeit	Prozent	Gültige Prozente	Kumulierte Prozente
Gültig	1 1=No Impact	17	22,1	23,0	23,0
	2 2	11	14,3	14,9	37,8
	3 3=Moderate Impact	24	31,2	32,4	70,3
	4 4	17	22,1	23,0	93,2
	5 5=Huge Impact	5	6,5	6,8	100,0
	Gesamt	74	96,1	100,0	
Fehlend	0	3	3,9		
Gesamt		77	100,0		

str_follcust Following of major customers

		Häufigkeit	Prozent	Gültige Prozente	Kumulierte Prozente
Gültig	1 1=No Impact	14	18,2	19,4	19,4
	2 2	12	15,6	16,7	36,1
	3 3=Moderate Impact	14	18,2	19,4	55,6
	4 4	15	19,5	20,8	76,4
	5 5=Huge Impact	17	22,1	23,6	100,0
	Gesamt	72	93,5	100,0	
Fehlend	0	5	6,5		
Gesamt		77	100,0		

str_custprox Enhancing customer proximity

		Häufigkeit	Prozent	Gültige Prozente	Kumulierte Prozente
Gültig	1 1=No Impact	9	11,7	12,2	12,2
	2 2	7	9,1	9,5	21,6
	3 3=Moderate Impact	21	27,3	28,4	50,0
	4 4	23	29,9	31,1	81,1
	5 5=Huge Impact	14	18,2	18,9	100,0
	Gesamt	74	96,1	100,0	
Fehlend	0	3	3,9		
Gesamt		77	100,0		

str_prodlicy Extending product life cyclus

		Häufigkeit	Prozent	Gültige Prozente	Kumulierte Prozente
Gültig	1 1=No Impact	24	31,2	34,3	34,3
	2 2	5	6,5	7,1	41,4
	3 3=Moderate Impact	21	27,3	30,0	71,4
	4 4	14	18,2	20,0	91,4
	5 5=Huge Impact	6	7,8	8,6	100,0
	Gesamt	70	90,9	100,0	
Fehlend	0	7	9,1		
Gesamt		77	100,0		

str_econscale Average cost reduction through expanding sales volume

		Häufigkeit	Prozent	Gültige Prozente	Kumulierte Prozente
Gültig	1 1=No Impact	18	23,4	24,0	24,0
	2 2	12	15,6	16,0	40,0
	3 3=Moderate Impact	19	24,7	25,3	65,3
	4 4	13	16,9	17,3	82,7
	5 5=Huge Impact	13	16,9	17,3	100,0
	Gesamt	75	97,4	100,0	
Fehlend	0	2	2,6		
Gesamt		77	100,0		

str_compmshar Gain competitorsÂ´ market share

		Häufigkeit	Prozent	Gültige Prozente	Kumulierte Prozente
Gültig	1 1=No Impact	11	14,3	14,9	14,9
	2 2	15	19,5	20,3	35,1
	3 3=Moderate Impact	15	19,5	20,3	55,4
	4 4	24	31,2	32,4	87,8
	5 5=Huge Impact	9	11,7	12,2	100,0
	Gesamt	74	96,1	100,0	
Fehlend	0	3	3,9		
Gesamt		77	100,0		

str_outsour Cost saving outsourcing of production/services

		Häufigkeit	Prozent	Gültige Prozente	Kumullierte Prozente
Gültig	1 1=No Impact	21	27,3	28,0	28,0
	2 2	14	18,2	18,7	46,7
	3 3=Moderate Impact	12	15,6	16,0	62,7
	4 4	9	11,7	12,0	74,7
	5 5=Huge Impact	19	24,7	25,3	100,0
	Gesamt	75	97,4	100,0	
Fehlend	0	2	2,6		
Gesamt		77	100,0		

r_estate Buildings and Real Estate

		Häufigkeit	Prozent	Gültige Prozente	Kumullierte Prozente
Gültig	1 1=Not Important	18	23,4	27,3	27,3
	2 2	9	11,7	13,6	40,9
	3 3=Moderate Important	18	23,4	27,3	68,2
	4 4	12	15,6	18,2	86,4
	5 5=Very Important	9	11,7	13,6	100,0
	Gesamt	66	85,7	100,0	
Fehlend	-77	5	6,5		
	0	6	7,8		
	Gesamt	11	14,3		
Gesamt		77	100,0		

r_bname Brand Name(s)

		Häufigkeit	Prozent	Gültige Prozente	Kumullierte Prozente
Gültig	1 1=Not Important	4	5,2	5,8	5,8
	2 2	6	7,8	8,7	14,5
	3 3=Moderate Important	13	16,9	18,8	33,3
	4 4	14	18,2	20,3	53,6
	5 5=Very Important	32	41,6	46,4	100,0
	Gesamt	69	89,6	100,0	
Fehlend	-77	5	6,5		
	0	3	3,9		
	Gesamt	8	10,4		
Gesamt		77	100,0		

r_networ Business and Network relationships

		Häufigkeit	Prozent	Gültige Prozente	Kumullierte Prozente
Gültig	3 3=Moderate Important	14	18,2	20,0	20,0
	4 4	20	26,0	28,6	48,6
	5 5=Very Important	36	46,8	51,4	100,0
	Gesamt	70	90,9	100,0	
Fehlend	-77	5	6,5		
	0	2	2,6		
	Gesamt	7	9,1		
Gesamt		77	100,0		

r_distr Distribution network

		Häufigkeit	Prozent	Gültige Prozente	Kumulierte Prozente
Gültig	1 1=Not Important	8	10,4	11,6	11,6
	2 2	8	10,4	11,6	23,2
	3 3=Moderate Important	16	20,8	23,2	46,4
	4 4	16	20,8	23,2	69,6
	5 5=Very Important	21	27,3	30,4	100,0
	Gesamt	69	89,6	100,0	
Fehlend	-77	5	6,5		
	0	3	3,9		
	Gesamt	8	10,4		
Gesamt		77	100,0		

r_equity Equity

		Häufigkeit	Prozent	Gültige Prozente	Kumulierte Prozente
Gültig	1 1=Not Important	15	19,5	23,1	23,1
	2 2	9	11,7	13,8	36,9
	3 3=Moderate Important	24	31,2	36,9	73,8
	4 4	12	15,6	18,5	92,3
	5 5=Very Important	5	6,5	7,7	100,0
	Gesamt	65	84,4	100,0	
Fehlend	-77	5	6,5		
	0	7	9,1		
	Gesamt	12	15,6		
Gesamt		77	100,0		

r_innov Innovation capabilities

		Häufigkeit	Prozent	Gültige Prozente	Kumulierte Prozente
Gültig	1 1=Not Important	8	10,4	12,1	12,1
	2 2	11	14,3	16,7	28,8
	3 3=Moderate Important	18	23,4	27,3	56,1
	4 4	18	23,4	27,3	83,3
	5 5=Very Important	11	14,3	16,7	100,0
	Gesamt	66	85,7	100,0	
Fehlend	-77	5	6,5		
	0	6	7,8		
	Gesamt	11	14,3		
Gesamt		77	100,0		

r_licenses Licenses

		Häufigkeit	Prozent	Gültige Prozente	Kumulierte Prozente
Gültig	1 1=Not Important	17	22,1	25,0	25,0
	2 2	10	13,0	14,7	39,7
	3 3=Moderate Important	16	20,8	23,5	63,2
	4 4	14	18,2	20,6	83,8
	5 5=Very Important	11	14,3	16,2	100,0
	Gesamt	68	88,3	100,0	
Fehlend	-77	5	6,5		
	0	4	5,2		
	Gesamt	9	11,7		
Gesamt		77	100,0		

r_loans Loans

		Häufigkeit	Prozent	Gültige Prozente	Kumulierte Prozente
Gültig	1 1=Not Important	31	40,3	47,7	47,7
	2 2	13	16,9	20,0	67,7
	3 3=Moderate Important	10	13,0	15,4	83,1
	4 4	8	10,4	12,3	95,4
	5 5=Very Important	3	3,9	4,6	100,0
	Gesamt	65	84,4	100,0	
Fehlend	-77	5	6,5		
	0	7	9,1		
	Gesamt	12	15,6		
Gesamt		77	100,0		

r_machin Machinery and Equipment

		Häufigkeit	Prozent	Gültige Prozente	Kumulierte Prozente
Gültig	1 1=Not Important	20	26,0	30,3	30,3
	2 2	11	14,3	16,7	47,0
	3 3=Moderate Important	17	22,1	25,8	72,7
	4 4	12	15,6	18,2	90,9
	5 5=Very Important	6	7,8	9,1	100,0
	Gesamt	66	85,7	100,0	
Fehlend	-77	5	6,5		
	0	6	7,8		
	Gesamt	11	14,3		
Gesamt		77	100,0		

r_manag Managerial capabilities

		Häufigkeit	Prozent	Gültige Prozente	Kumulierte Prozente
Gültig	1 1=Not Important	2	2,6	2,9	2,9
	2 2	3	3,9	4,4	7,4
	3 3=Moderate Important	7	9,1	10,3	17,6
	4 4	29	37,7	42,6	60,3
	5 5=Very Important	27	35,1	39,7	100,0
	Gesamt	68	88,3	100,0	
Fehlend	-77	5	6,5		
	0	4	5,2		
	Gesamt	9	11,7		
Gesamt		77	100,0		

r_marketi Marketing capabilities

		Häufigkeit	Prozent	Gültige Prozente	Kumulierte Prozente
Gültig	1 1=Not Important	3	3,9	4,4	4,4
	2 2	7	9,1	10,3	14,7
	3 3=Moderate Important	11	14,3	16,2	30,9
	4 4	21	27,3	30,9	61,8
	5 5=Very Important	26	33,8	38,2	100,0
	Gesamt	68	88,3	100,0	
Fehlend	-77	5	6,5		
	0	4	5,2		
	Gesamt	9	11,7		
Gesamt		77	100,0		

r_patents Patents

		Häufigkeit	Prozent	Gültige Prozente	Kumulierte Prozente
Gültig	1 1=Not Important	28	36,4	41,2	41,2
	2 2	9	11,7	13,2	54,4
	3 3=Moderate Important	8	10,4	11,8	66,2
	4 4	14	18,2	20,6	86,8
	5 5=Very Important	9	11,7	13,2	100,0
	Gesamt	68	88,3	100,0	
Fehlend	-77	5	6,5		
	0	4	5,2		
	Gesamt	9	11,7		
Gesamt		77	100,0		

r_techkh Technological Know How

		Häufigkeit	Prozent	Gültige Prozente	Kumulierte Prozente
Gültig	1 1=Not Important	7	9,1	10,4	10,4
	2 2	5	6,5	7,5	17,9
	3 3=Moderate Important	10	13,0	14,9	32,8
	4 4	20	26,0	29,9	62,7
	5 5=Very Important	25	32,5	37,3	100,0
	Gesamt	67	87,0	100,0	
Fehlend	-77	5	6,5		
	0	5	6,5		
	Gesamt	10	13,0		
Gesamt		77	100,0		

r_other Other

		Häufigkeit	Prozent	Gültige Prozente	Kumulierte Prozente
Gültig	1 1=Not Important	4	5,2	21,1	21,1
	3 3=Moderate Important	2	2,6	10,5	31,6
	4 4	8	10,4	42,1	73,7
	5 5=Very Important	5	6,5	26,3	100,0
	Gesamt	19	24,7	100,0	
Fehlend	-77	5	6,5		
	0	53	68,8		
	Gesamt	58	75,3		
Gesamt		77	100,0		

r_other_txt Other

		Häufigkeit	Prozent	Gültige Prozente	Kumulierte Prozente
Gültig	-66	5	6,5	6,5	6,5
	-99	62	80,5	80,5	87,0
	Ability for cost savings	1	1,3	1,3	88,3
	Global Network of the Parent	1	1,3	1,3	89,6
	Global reputation	1	1,3	1,3	90,9
	international network with companies of the same network in other countries	1	1,3	1,3	92,2
	local indian saff competence	1	1,3	1,3	93,5
	Manpower	1	1,3	1,3	94,8
	market potential	1	1,3	1,3	96,1
	Speculation & Hedging (metals)	1	1,3	1,3	97,4
	Talent Management	1	1,3	1,3	98,7
	well educated staff	1	1,3	1,3	100,0
	Gesamt	77	100,0	100,0	

syn_techkh Technological Know How

		Häufigkeit	Prozent	Gültige Prozente	Kumulierte Prozente
Gültig	1 No common used resources	7	9,1	10,0	10,0
	2	2	2,6	2,9	12,9
	3 Moderate	25	32,5	35,7	48,6
	4	18	23,4	25,7	74,3
	5 Very High	18	23,4	25,7	100,0
	Gesamt	70	90,9	100,0	
Fehlend	-77	5	6,5		
	0	2	2,6		
	Gesamt	7	9,1		
Gesamt		77	100,0		

syn_marketing Marketing Know How

		Häufigkeit	Prozent	Gültige Prozente	Kumulierte Prozente
Gültig	1 No common used resources	3	3,9	4,3	4,3
	2	11	14,3	15,7	20,0
	3 Moderate	28	36,4	40,0	60,0
	4	17	22,1	24,3	84,3
	5 Very High	11	14,3	15,7	100,0
	Gesamt	70	90,9	100,0	
Fehlend	-77	5	6,5		
	0	2	2,6		
	Gesamt	7	9,1		
Gesamt		77	100,0		

syn_rd Research&Development

		Häufigkeit	Prozent	Gültige Prozente	Kumulierte Prozente
Gültig	1 No common used resources	8	10,4	11,6	11,6
	2	11	14,3	15,9	27,5
	3 Moderate	17	22,1	24,6	52,2
	4	17	22,1	24,6	76,8
	5 Very High	16	20,8	23,2	100,0
	Gesamt	69	89,6	100,0	
Fehlend	-77	5	6,5		
	0	3	3,9		
	Gesamt	8	10,4		
Gesamt		77	100,0		

syn_distr Distribution Network

		Häufigkeit	Prozent	Gültige Prozente	Kumulierte Prozente
Gültig	1 No common used resources	15	19,5	21,7	21,7
	2	13	16,9	18,8	40,6
	3 Moderate	21	27,3	30,4	71,0
	4	11	14,3	15,9	87,0
	5 Very High	9	11,7	13,0	100,0
	Gesamt	69	89,6	100,0	
Fehlend	-77	5	6,5		
	0	3	3,9		
	Gesamt	8	10,4		
Gesamt		77	100,0		

t_gtransfer We need to maintain frequent transfer of goods between the affiliate in India and our operations in other countries

		Häufigkeit	Prozent	Gültige Prozente	Kumulierte Prozente
Gültig	1 totally disagree	21	27,3	30,4	30,4
	2	11	14,3	15,9	46,4
	3 agree in parts	22	28,6	31,9	78,3
	4	6	7,8	8,7	87,0
	5 totally agree	9	11,7	13,0	100,0
	Gesamt	69	89,6	100,0	
Fehlend	-77	5	6,5		
	0	3	3,9		
	Gesamt	8	10,4		
Gesamt		77	100,0		

t_ttransfer We need to maintain frequent transfer of technological know how between the affiliate in India and our operations in oth

		Häufigkeit	Prozent	Gültige Prozente	Kumulierte Prozente
Gültig	1 totally disagree	9	11,7	12,7	12,7
	2	7	9,1	9,9	22,5
	3 agree in parts	23	29,9	32,4	54,9
	4	12	15,6	16,9	71,8
	5 totally agree	20	26,0	28,2	100,0
	Gesamt	71	92,2	100,0	
Fehlend	-77	5	6,5		
	0	1	1,3		
	Gesamt	6	7,8		
Gesamt		77	100,0		

c_fin Our parent company has made (or will make) a huge capital commitment to the affiliate in India

		Häufigkeit	Prozent	Gültige Prozente	Kumulierte Prozente
Gültig	1 totally disagree	10	13,0	14,1	14,1
	2	14	18,2	19,7	33,8
	3 agree in parts	24	31,2	33,8	67,6
	4	14	18,2	19,7	87,3
	5 totally agree	9	11,7	12,7	100,0
	Gesamt	71	92,2	100,0	
Fehlend	-77	5	6,5		
	0	1	1,3		
	Gesamt	6	7,8		
Gesamt		77	100,0		

c_empl We have hired (or will hire) a large number of employees for the affiliate in India

		Häufigkeit	Prozent	Gültige Prozente	Kumulierte Prozente
Gültig	1 totally disagree	14	18,2	19,7	19,7
	2	14	18,2	19,7	39,4
	3 agree in parts	17	22,1	23,9	63,4
	4	14	18,2	19,7	83,1
	5 totally agree	12	15,6	16,9	100,0
	Gesamt	71	92,2	100,0	
Fehlend	-77	5	6,5		
	0	1	1,3		
	Gesamt	6	7,8		
Gesamt		77	100,0		

firmsk_rd Research&Development

		Häufigkeit	Prozent	Gültige Prozente	Kumulierte Prozente
Gültig	1 No proportion	24	31,2	35,3	35,3
	2	15	19,5	22,1	57,4
	3 Moderate	19	24,7	27,9	85,3
	4	4	5,2	5,9	91,2
	5 High proportion	6	7,8	8,8	100,0
	Gesamt	68	88,3	100,0	
Fehlend	-77	5	6,5		
	0	4	5,2		
	Gesamt	9	11,7		
Gesamt		77	100,0		

firmsk_mark Marketing

		Häufigkeit	Prozent	Gültige Prozente	Kumulierte Prozente
Gültig	1 No proportion	4	5,2	5,8	5,8
	2	14	18,2	20,3	26,1
	3 Moderate	30	39,0	43,5	69,6
	4	14	18,2	20,3	89,9
	5 High proportion	7	9,1	10,1	100,0
	Gesamt	69	89,6	100,0	
Fehlend	-77	5	6,5		
	0	3	3,9		
	Gesamt	8	10,4		
Gesamt		77	100,0		

pradap_legalreg Legal requirements

		Häufigkeit	Prozent	Gültige Prozente	Kumulierte Prozente
Gültig	1 No adaption	17	22,1	24,6	24,6
	2	5	6,5	7,2	31,9
	3 Moderate adaption	24	31,2	34,8	66,7
	4	9	11,7	13,0	79,7
	5 High adaption	14	18,2	20,3	100,0
	Gesamt	69	89,6	100,0	
Fehlend	-77	5	6,5		
	0	3	3,9		
	Gesamt	8	10,4		
Gesamt		77	100,0		

pradap_cons Consumer preferences

		Häufigkeit	Prozent	Gültige Prozente	Kumulierte Prozente
Gültig	1 No adaption	5	6,5	7,2	7,2
	2	6	7,8	8,7	15,9
	3 Moderate adaption	19	24,7	27,5	43,5
	4	22	28,6	31,9	75,4
	5 High adaption	17	22,1	24,6	100,0
	Gesamt	69	89,6	100,0	
Fehlend	-77	5	6,5		
	0	3	3,9		
	Gesamt	8	10,4		
Gesamt		77	100,0		

pradap_rel Religious reasons

		Häufigkeit	Prozent	Gültige Prozente	Kumulierte Prozente
Gültig	1 No adaption	46	59,7	69,7	69,7
	2	9	11,7	13,6	83,3
	3 Moderate adaption	6	7,8	9,1	92,4
	4	3	3,9	4,5	97,0
	5 High adaption	2	2,6	3,0	100,0
	Gesamt	66	85,7	100,0	
Fehlend	-77	5	6,5		
	0	6	7,8		
	Gesamt	11	14,3		
Gesamt		77	100,0		

pradap_mastr Market structure

		Häufigkeit	Prozent	Gültige Prozente	Kumulierte Prozente
Gültig	1 No adaption	9	11,7	13,0	13,0
	2	5	6,5	7,2	20,3
	3 Moderate adaption	25	32,5	36,2	56,5
	4	17	22,1	24,6	81,2
	5 High adaption	13	16,9	18,8	100,0
	Gesamt	69	89,6	100,0	
Fehlend	-77	5	6,5		
	0	3	3,9		
	Gesamt	8	10,4		
Gesamt		77	100,0		

pradap_distr Distribution channels

		Häufigkeit	Prozent	Gültige Prozente	Kumulierte Prozente
Gültig	1 No adaption	13	16,9	19,7	19,7
	2	12	15,6	18,2	37,9
	3 Moderate adaption	17	22,1	25,8	63,6
	4	15	19,5	22,7	86,4
	5 High adaption	9	11,7	13,6	100,0
	Gesamt	66	85,7	100,0	
Fehlend	-77	5	6,5		
	0	6	7,8		
	Gesamt	11	14,3		
Gesamt		77	100,0		

pradap_other Other reason:

		Häufigkeit	Prozent	Gültige Prozente	Kumulierte Prozente
Gültig	1 No adaption	5	6,5	38,5	38,5
	2	1	1,3	7,7	46,2
	3 Moderate adaption	3	3,9	23,1	69,2
	4	4	5,2	30,8	100,0
	Gesamt	13	16,9	100,0	
Fehlend	-77	5	6,5		
	0	59	76,6		
	Gesamt	64	83,1		
Gesamt		77	100,0		

pradap_other_txt Other reason:

		Häufigkeit	Prozent	Gültige Prozente	Kumulierte Prozente
Gültig	-66	5	6,5	6,5	6,5
	-99	67	87,0	87,0	93,5
	corruption	1	1,3	1,3	94,8
	Good quality at competetive price	1	1,3	1,3	96,1
	HR policies	1	1,3	1,3	97,4
	JV partner's requirement	1	1,3	1,3	98,7
	technical knowledge of staff	1	1,3	1,3	100,0
	Gesamt	77	100,0	100,0	

e_export Exporting

		Häufigkeit	Prozent	Gültige Prozente	Kumulierte Prozente
Gültig	1 No	29	37,7	45,3	45,3
	2 Yes	35	45,5	54,7	100,0
	Gesamt	64	83,1	100,0	
Fehlend	-77	5	6,5		
	0	8	10,4		
	Gesamt	13	16,9		
Gesamt		77	100,0		

e_licens Licencing

		Häufigkeit	Prozent	Gültige Prozente	Kumulierte Prozente
Gültig	1 No	52	67,5	85,2	85,2
	2 Yes	9	11,7	14,8	100,0
	Gesamt	61	79,2	100,0	
Fehlend	-77	5	6,5		
	0	11	14,3		
	Gesamt	16	20,8		
Gesamt		77	100,0		

e_franch Franchising

		Häufigkeit	Prozent	Gültige Prozente	Kumulierte Prozente
Gültig	1 No	52	67,5	83,9	83,9
	2 Yes	10	13,0	16,1	100,0
	Gesamt	62	80,5	100,0	
Fehlend	-77	5	6,5		
	0	10	13,0		
	Gesamt	15	19,5		
Gesamt		77	100,0		

e_other Other Forms

		Häufigkeit	Prozent	Gültige Prozente	Kumulierte Prozente
Gültig	1 No	35	45,5	66,0	66,0
	2 Yes	18	23,4	34,0	100,0
	Gesamt	53	68,8	100,0	
Fehlend	-77	5	6,5		
	0	19	24,7		
	Gesamt	24	31,2		
Gesamt		77	100,0		

isector Branche

		Häufigkeit	Prozent	Gültige Prozente	Kumulierte Prozente
Gültig	1 totally disagree	5	6,5	7,1	7,1
	2	10	13,0	14,3	21,4
	3 agree in parts	22	28,6	31,4	52,9
	4	14	18,2	20,0	72,9
	5 totally agree	19	24,7	27,1	100,0
	Gesamt	70	90,9	100,0	
	-77	5	6,5		
	0	2	2,6		
	Gesamt	7	9,1		
Gesamt		77	100,0		

rsector Sektor

		Häufigkeit	Prozent	Gültige Prozente	Kumulierte Prozente
Gültig	-77	5	6,5	6,5	6,5
	2 Sekundärer Sektor	46	59,7	59,7	66,2
	3 Tertiärer Sektor	26	33,8	33,8	100,0
	Gesamt	77	100,0	100,0	

legfor_aff Rechtsform der TG

		Häufigkeit	Prozent	Gültige Prozente	Kumulierte Prozente
Gültig	1 Private Limited Company	54	70,1	78,3	78,3
	2 Public Limited Company	6	7,8	8,7	87,0
	3 Other	9	11,7	13,0	100,0
	Gesamt	69	89,6	100,0	
Fehlend	-77	7	9,1		
	0	1	1,3		
	Gesamt	8	10,4		
Gesamt		77	100,0		

share_pc Anteil der MG an TG in Indien

		Häufigkeit	Prozent	Gültige Prozente	Kumulierte Prozente
Gültig	1 Representative Office	10	13,0	14,5	14,5
	2 Minority Share	2	2,6	2,9	17,4
	3 50:50 Joint Venture	10	13,0	14,5	31,9
	4 Majority Share	10	13,0	14,5	46,4
	5 Wholly Owned Subsidiary	37	48,1	53,6	100,0
	Gesamt	69	89,6	100,0	
Fehlend	-77	7	9,1		
	0	1	1,3		
	Gesamt	8	10,4		
Gesamt		77	100,0		

exp_int Auslandserfahrung allgemein

		Häufigkeit	Prozent	Kumulierte Prozente
Gültig	-66	8	10,4%	10,4%
	2	1	1,3%	11,7%
	5	5	6,5%	18,2%
	6	3	3,9%	22,1%
	8	1	1,3%	23,4%
	10	3	3,9%	27,3%
	15	1	1,3%	28,6%
	18	1	1,3%	29,9%
	20	1	1,3%	31,2%
	25	1	1,3%	32,5%
	26	1	1,3%	33,8%
	28	1	1,3%	35,1%
	30	2	2,6%	37,7%
	40	2	2,6%	40,3%
	45	1	1,3%	41,6%
	50	4	5,2%	46,8%
	51	2	2,6%	49,4%
	53	1	1,3%	50,6%
	60	7	9,1%	59,7%
	68	2	2,6%	62,3%
	70	1	1,3%	63,6%
	80	1	1,3%	64,9%
	90	3	3,9%	68,8%
	100	5	6,5%	75,3%
	112	2	2,6%	77,9%
	120	1	1,3%	79,2%
	130	4	5,2%	84,4%
	150	6	7,8%	92,2%
	156	2	2,6%	94,8%
	157	2	2,6%	97,4%
	160	2	2,6%	100,0%
	Gesamt	77	100,0	

exp_greenf Greenfield Investment

		Häufigkeit	Prozent	Gültige Prozente	Kumulierte Prozente
Gültig	1 no experience	11	14,3	17,7	17,7
	2	5	6,5	8,1	25,8
	3 moderate experience	12	15,6	19,4	45,2
	4	11	14,3	17,7	62,9
	5 huge experience	23	29,9	37,1	100,0
	Gesamt	62	80,5	100,0	
Fehlend	-77	7	9,1		
	0	8	10,4		
	Gesamt	15	19,5		
Gesamt		77	100,0		

exp_acq Acquisition

		Häufigkeit	Prozent	Gültige Prozente	Kumulierte Prozente
Gültig	1 no experience	10	13,0	14,9	14,9
	2	3	3,9	4,5	19,4
	3 moderate experience	20	26,0	29,9	49,3
	4	13	16,9	19,4	68,7
	5 huge experience	21	27,3	31,3	100,0
	Gesamt	67	87,0	100,0	
Fehlend	-77	7	9,1		
	0	3	3,9		
	Gesamt	10	13,0		
Gesamt		77	100,0		

intstrategie_1 Our company´s strategy is focused on achieving economies of scale by concentrating its important activities at a limite

		Häufigkeit	Prozent	Gültige Prozente	Kumulierte Prozente
Gültig	1 Totally disagree	9	11,7	14,3	14,3
	2	10	13,0	15,9	30,2
	3 Agree in parts	22	28,6	34,9	65,1
	4	12	15,6	19,0	84,1
	5 Totally agree	10	13,0	15,9	100,0
	Gesamt	63	81,8	100,0	
Fehlend	-77	8	10,4		
	0	6	7,8		
	Gesamt	14	18,2		
Gesamt		77	100,0		

intstrategie_2 Our company's competitive position is defined in world wide terms. Different national product markets are closely linke

		Häufigkeit	Prozent	Gültige Prozente	Kumulierte Prozente
Gültig	1 Totally disagree	2	2,6	3,1	3,1
	2	7	9,1	10,8	13,8
	3 Agree in parts	19	24,7	29,2	43,1
	4	24	31,2	36,9	80,0
	5 Totally agree	13	16,9	20,0	100,0
	Gesamt	65	84,4	100,0	
Fehlend	-77	8	10,4		
	0	4	5,2		
	Gesamt	12	15,6		
Gesamt		77	100,0		

intstrategie_3 Our company's competitive strategy is to let each subsidiary compete on a domestic level as national product markets ar

		Häufigkeit	Prozent	Gültige Prozente	Kumulierte Prozente
Gültig	1 Totally disagree	7	9,1	10,8	10,8
	2	13	16,9	20,0	30,8
	3 Agree in parts	14	18,2	21,5	52,3
	4	21	27,3	32,3	84,6
	5 Totally agree	10	13,0	15,4	100,0
	Gesamt	65	84,4	100,0	
Fehlend	-77	8	10,4		
	0	4	5,2		
	Gesamt	12	15,6		
Gesamt		77	100,0		

intstrategie_4 Our company not only recognizes national differences in taste and values, but actually tries to respond to these nationa

		Häufigkeit	Prozent	Gültige Prozente	Kumulierte Prozente
Gültig	1 Totally disagree	8	10,4	12,5	12,5
	2	7	9,1	10,9	23,4
	3 Agree in parts	14	18,2	21,9	45,3
	4	16	20,8	25,0	70,3
	5 Totally agree	19	24,7	29,7	100,0
	Gesamt	64	83,1	100,0	
Fehlend	-77	8	10,4		
	0	5	6,5		
	Gesamt	13	16,9		
Gesamt		77	100,0		

succ_aff_sal Sales

		Häufigkeit	Prozent	Gültige Prozente	Kumulierte Prozente
Gültig	1 Very Bad	2	2,6	3,1	3,1
	2	4	5,2	6,2	9,2
	3 Moderate	22	28,6	33,8	43,1
	4	15	19,5	23,1	66,2
	5 Very Good	22	28,6	33,8	100,0
	Gesamt	65	84,4	100,0	
Fehlend	-77	8	10,4		
	0	4	5,2		
	Gesamt	12	15,6		
Gesamt		77	100,0		

succ_aff_ms Market Share

		Häufigkeit	Prozent	Gültige Prozente	Kumulierte Prozente
Gültig	1 Very Bad	1	1,3	1,5	1,5
	2	5	6,5	7,7	9,2
	3 Moderate	29	37,7	44,6	53,8
	4	17	22,1	26,2	80,0
	5 Very Good	13	16,9	20,0	100,0
	Gesamt	65	84,4	100,0	
Fehlend	-77	8	10,4		
	0	4	5,2		
	Gesamt	12	15,6		
Gesamt		77	100,0		

succ_aff_fin Financial Performance

		Häufigkeit	Prozent	Gültige Prozente	Kumulierte Prozente
Gültig	1 Very Bad	1	1,3	1,5	1,5
	2	8	10,4	11,9	13,4
	3 Moderate	28	36,4	41,8	55,2
	4	17	22,1	25,4	80,6
	5 Very Good	13	16,9	19,4	100,0
	Gesamt	67	87,0	100,0	
Fehlend	-77	8	10,4		
	0	2	2,6		
	Gesamt	10	13,0		
Gesamt		77	100,0		

| | Zusammengeführte Cluster | | | Erstes Vorkommen des Clusters | | |
Schritt	Cluster 1	Cluster 2	Koeffizienten	Cluster 1	Cluster 2	nächster Schritt
1	25	76	,000	0	0	31
2	18	74	,000	0	0	6
3	35	38	,000	0	0	5
4	19	37	,000	0	0	37
5	17	35	,000	0	3	31
6	16	18	,000	0	2	22
7	7	12	,000	0	0	32
8	61	77	,500	0	0	34
9	21	73	1,000	0	0	36
10	54	68	1,500	0	0	38
11	33	64	2,000	0	0	43
12	52	63	2,500	0	0	23
13	13	62	3,000	0	0	49
14	40	59	3,500	0	0	24
15	8	58	4,000	0	0	34
16	15	56	4,500	0	0	43
17	47	53	5,000	0	0	46
18	36	45	5,500	0	0	45
19	24	30	6,000	0	0	40
20	22	27	6,500	0	0	25
21	20	26	7,000	0	0	39
22	16	31	7,750	6	0	44
23	23	52	8,583	0	12	41
24	40	46	9,417	14	0	26
25	9	22	10,250	0	20	50
26	40	43	11,167	24	0	46
27	41	57	12,167	0	0	38
28	32	50	13,167	0	0	30
29	10	44	14,167	0	0	47
30	6	32	15,167	0	28	53
31	17	25	16,367	5	1	37
32	7	14	17,700	7	0	51
33	51	71	19,200	0	0	45
34	8	61	20,700	15	8	35
35	8	28	22,200	34	0	36
36	8	21	23,700	35	9	54
37	17	19	25,375	31	4	54
38	41	54	27,107	27	10	47
39	20	75	29,274	21	0	50
40	24	34	31,440	19	0	57
41	10	23	33,607	0	23	44
42	29	60	36,107	0	0	48
43	15	33	38,607	16	11	52
44	11	16	41,982	41	22	49
45	36	51	45,482	18	33	51
46	40	47	49,732	26	17	56
47	10	41	53,982	29	38	56
48	29	66	58,815	42	0	55
49	11	13	63,690	44	13	55
50	9	20	68,690	25	39	52
51	7	36	75,000	32	45	53
52	9	15	81,900	50	43	57
53	6	7	92,957	30	51	59
54	8	17	104,100	36	37	58
55	11	29	115,921	49	48	58
56	10	40	132,504	47	46	60
57	9	24	151,206	52	40	59
58	8	11	178,608	54	55	61
59	6	9	217,639	53	57	60
60	6	10	273,841	59	56	61
61	6	8	366,194	60	58	0

Rotierte Komponentenmatrix

Komponente	1	2	3	4	5	6	7	8	9	10	11	12	13	14	15	16	17	Extraktion
size_Emp_pc			0,328		0,180					-0,108								,914
t_gtransfer					0,467	0,257	-0,196	0,223	0,143	0,220	-0,800	0,281	0,207	-0,136	-0,210	0,108		,891
size_Emp_aff			0,321		0,104													,886
r_techkh	0,841	0,199					0,108		-0,184				0,147					,884
r_machin	0,247	-0,141	0,170		0,416	0,207	-0,308			-0,246	-0,134	0,481	-0,116		-0,146	0,288	-0,183	,878
syn_techkh	0,131	0,123	0,112				0,481				0,156	-0,828		-0,323	-0,198	-0,354		,873
exp_greenf		-0,152	0,187			0,587	0,220			-0,140	0,117		0,348	-0,282	0,193	-0,308	0,131	,872
locun_econ		0,138											0,107			0,206	-0,116	,872
str_econscale		0,334	-0,125	0,158			-0,135		0,784	-0,173		0,105			0,126	0,101		,866
syn_marketing		0,254			-0,715	-0,121		0,307		0,305	-0,129		-0,125			0,130	0,274	,866
r_estate			0,166		0,226	0,741		0,220				0,132		-0,154	0,255		-0,206	,866
r_equity	0,154		0,114		0,153	0,174				-0,143			0,151	0,344				,865
r_manag	-0,721	-0,718		0,217	-0,142	0,184				-0,210	0,280	-0,198	0,130	0,105	-0,500	0,191	-0,129	,864
str_follcust	0,193	-0,718					-0,467											,861
c_turnov			0,192	0,286	-0,167			0,123			0,287	0,128			0,782			,859
str_outsour	-0,102		0,194	0,147	0,179				0,839			-0,113	0,108					,854
locun_pol	-0,310	0,225	-0,240		-0,142		0,357			-0,202	-0,151	0,117	0,304	0,214	-0,369	0,190	0,141	,854
str_prodkcy	0,474	0,346			-0,160	0,348	-0,117	-0,134	0,327	-0,383		0,161	0,902		0,110		0,131	,853
syn_rd		0,226	0,166					0,126				0,778	0,180	0,134			-0,264	,853
size_USD_pc		0,149	-0,166	-0,365		0,166	-0,114				-0,281		-0,116		0,718			,848
r_innov	-0,740		0,167		0,273	0,113	0,324						0,110	0,157	-0,119			,845
c_fin				0,110	0,232						0,221	0,611	0,106	0,154			0,121	,844
pradap_distr	0,131	-0,101	0,113	0,177		0,117	0,115	0,625			-0,108	-0,102	-0,102					,840
syn_distz	-0,149	0,674	0,190	0,276	0,134			0,217			0,296		-0,213	-0,103		0,114	-0,132	,838
c_empl		-0,214	0,344		0,247	0,280	0,343		-0,488		0,223		0,148	0,203	0,191			,837
str_newmark	-0,110		-0,158						-0,111	0,850			0,106					,837
firrisk_mack			0,115		0,115			-0,122			0,120	-0,134				-0,133	0,850	,840
pradap_cons			0,141		-0,006	0,223		0,201	0,164					-0,103				,801
t_ttransfer						-0,506	0,147	0,206			-0,117	0,180	-0,121				0,163	,800
str_custprox	0,191	0,636			-0,113				0,113		0,811					0,105	0,112	,804
pradap_legalreg			-0,713		-0,124	0,143		-0,101				0,259	0,298		0,198		-0,162	,804
pradap_rei	0,216	0,228	-0,163	0,361	-0,167	-0,144	0,283	0,237	-0,142	-0,184	-0,331	-0,139	-0,223		0,163	0,198	-0,319	,803
locun_tech			-0,122			-0,114	-0,142		0,108	0,116			0,632			0,119		,818
exp_acq			0,366	0,117		-0,147		0,209	-0,125			0,378	-0,014		-0,226			,817
r_marketi	-0,511				-0,347	0,319				0,378			0,188	-0,227		0,278		,815
r_bname	0,264	0,230	0,203	0,247		0,194	-0,118	0,231			0,440	0,102	0,234		0,333	0,105	0,178	,811
r_patents	0,527	0,418			-0,131			0,193		-0,189		0,101	-0,373	-0,136	0,221			,809
str_sidy			-0,159	0,197	-0,201	0,302	-0,141	0,328	0,254	0,381	0,388				0,126	0,148	0,275	,808
exp_int		0,228	0,668	-0,231	0,114	-0,138	-0,114	0,125			0,361	0,216		0,104	0,116			,802
str_geodiv	0,189	0,173			-0,194			0,167	0,313	0,130		0,267	-0,175	0,455	0,200	-0,244		,800
locun_laws	-0,182	0,129		0,260	0,401	0,138	0,366					0,231	0,468		0,199	0,102		,780
str_compmshar	0,200	0,519	0,212	-0,108			-0,206	0,358	0,364	0,144			0,171	0,174			-0,135	,791
r_distz			0,141						0,702		0,224	0,160		0,183		0,137		,792
r_networ	0,362	0,117			-0,168	0,162	0,367				0,617	0,287	0,132		-0,198	0,212	0,130	,782
pradap_mastr				0,749	-0,011		-0,104	0,261	0,165		0,117				-0,017		0,198	,782
r_loans	0,263	0,102	0,105	0,160	0,159	0,671	-0,108				0,911	-0,159	-0,104	-0,138	0,178			,748
locun_cul	-0,115	-0,171			-0,103	-0,107	0,591	0,171	-0,109	0,167	0,202		-0,323	-0,139		0,156		,744
r_licenses	0,462		0,168	-0,231		0,641	0,194		0,165						0,163	0,148		,740
firrisk_rd	0,177				0,146		0,784										-0,168	,721
str_estabmar	0,468	0,141	0,122					-0,116			-0,209	0,905		0,104				,820

| | ↑ | ↑ | ↑ | ↑ | | ↑ | | ↑ | | ↑ | ↑ | ↑ | | ↑ | | | ↑ | |

Name der neuen Variable:
Wissens-bezogene Ressour- | Vertriebs-bezogene Motive | Multinat-ionale Größe und... | Adaptions-erforder-nisse | Greenfield Investment Erfor-... | | Vertriebs-möglichkeiten | Kosten-senkende Motive | Networking | Technologie-synergie und Commit-... | | Größe und financielles Commit-...

SPSS Abkürzung der neuen Variable:
r_knowledge | sales_mot | mul_siz_svp | pradap_loc | greenf_needs | | sales_act | str_cost | networking | synmot | | size_fincar

Extraktionsmethode: Hauptkomponentenanalyse

Rotationsmethode: Varimax mit Kaiser-Normalisierung

Die Rotation ist in 28 Iterationen konvergiert

Einzelvariablen (ex Faktorenanalyse)		Faktoren (cum Faktorenanalyse)	Cronbach's Alpha bzw. Korrelationskoeffizient*
Ressourcen: Technologisches Know How (r_techkh) Ressourcen: Managementfähigkeiten (r_manag) Ressourcen: Innovationsvermögen (r_innov) Ressourcen: Marketingfähigkeiten (r_marketi) Ressourcen: Patente (r_patents)	?	Wissensbezogene Ressourcen (r_knowledge)	0,657
Strategiemotive: Folgen von Hauptkunden (str_follcust) Synergiemöglichkeiten: Vertriebssystem (syn_distr) Strategiemotive: Höhere Kundennähe (str_custprox) Strategiemotive: Wettbewerber Marktanteile abjagen (str_compmshar)	?	Vertriebsbezogene Motive (sales_mot)	0,670
Größe der Muttergesellschaft Arbeitnehmerzahl (size_Emp_pc) Größe der Tochtergesellschaft Arbeitnehmerzahl (size_Emp_aff) Auslandserfahrung allgemein (exp_int)	?	Multinationale Größe und Erfahrung (mult_siz_exp)	0,769 (standardisiert)
Produktadaption: Konsumentenpräferenzen (pradap_cons) Produktadaption: Gesetzliche Bestimmungen (pradap_legalreg) Produktadaption: Marktstruktur (pradap_mastr)	?	Adaptionserfordernisse (pradap_loc)	0,712
Ressourcen: Immobilien (r_estate) Ressourcen: Bankkredite (r_loans) Ressourcen: Lizenzen (r_licenses)	?	Greenfield Investment Erfordernisse (greenf_needs)	0,724
Produktadaption: Vertriebskanäle (pradap_distr) Ressourcen: Vertriebsnetzwerk (r_distr)	?	Vertriebsaktivitäten (sales_act)	0,477**
Strategiemotive: Skaleneffekte (str_econscale) Strategiemotive: Kostengünstigere Produktionsmöglichkeiten bzw. Dienstleistungen (Outsourcing) (str_outsour)	?	Kostensenkende Motive (str_cost)	0,493**
Strategiemotive: Neuen Markt erschließen (str_newmark) Ressourcen: Networking Kontakte (r_networ)	?	Networking (networking)	0,344**
Synergiemöglichkeiten: Technologisches Know How (syn_techkh) Commitment: Finanziell (c_fin) Strategiemotive: Bestehenden Markt schützen (str_estabmar)	?	Technologiesynergie und Commitment (synstrat)	0,503
Commitment: Umsatz (c_turnov) Größe der Muttergesellschaft Umsatz (size_USD_pc)	?	Größe und finanzielles Commitment (size_fincom)	0,309***

* Korrelationskoeffizient nach Pearson bei Fakoren mit nur 2 Variablen
** auf Signifikationsniveau 0,01 signifikant
*** auf Signifikationsniveau 0,05 signifikant

Correlation

		Multin. Größe & Erfahrung	Adaptionserfordernisse	Greenfield Investment Erfordernisse	Vertriebsaktivitäten	Kostensenkende Motive	Networking	SynStrat	Größe & finanzielles Commitment	Vertriebsbezogene Motive	Wissensbezogene Ressourcen
Multin.Größe & Erfahrung	Pearson Correlation	1	,003	,138	,001	,062	,72	,219	,058	,057	,081
	Sig. (2-tailed)		,980	,280	994	,626	,571	,077	,680	,654	,527
	N	67	66	63	63	65	65	66	52	65	63
Adaptionserfordernisse	Pearson Correlation	,003	1	,098	,170	,141	,025	,234	-,008	,203	,128
	Sig. (2-tailed)	,980		,436	,173	251	,840	,055	,957	,097	,311
	N	66	69	65	66	68	68	68	54	68	65
Greenfield Investment Erfordernisse	Pearson Correlation	,138	,098	1	,122	,349	,100	,079	,013	,357	,334
	Sig. (2-tailed)	,280	,436		,336	,004	,425	,526	,929	,004	,006
	N	63	65	67	64	65	66	67	50	65	66
Vertriebsaktivitäten	Pearson Correlation	,001	,170	,122	1	,104	,201	-,067	-,003	,131	,163
	Sig. (2-tailed)	,994	,173	,336		,411	,105	,984	,984	,298	,199
	N	63	66	64	66	65	66	52	52	65	64
Kostensenkende Motive	Pearson Correlation	-,062	,141	,349	,104	1	-,135	,142	,066	,481	,303
	Sig. (2-tailed)	,626	,251	,004	,411		,273	,247	,636	,000	,014
	N	65	68	65	65	74	68	68	53	73	65
Networking	Pearson Correlation	,072	,025	,100	,201	-,135	1	,099	,019	,184	,260
	Sig. (2-tailed)	,571	,840	,425	,105	,273		,422	,892	,132	,035
	N	65	68	66	66	68	69	68	53	68	66
SynStrat	Pearson Correlation	,219	,234	,079	-,067	,142	,099	1	,109	,334	,106
	Sig. (2-tailed)	,077	,055	,526	,590	,247	,422		,438	,005	,391
	N	66	68	67	66	68	68	70	53	68	67
Größe & finanzielles Commitment	Pearson Correlation	,058	-,008	0,13	-,003	,066	,019	,109	1	,202	,165
	Sig. (2-tailed)	,680	,957	,929	,984	,636	,892	,438		,146	,248
	N	52	54	50	52	53	53	53	54	53	51
Vertriebsbezogene Motive	Pearson Correlation	,057	,203	,357	,131	,481	,184	,334	,202	1	,437
	Sig. (2-tailed)	,654	,097	,004	,298	,000	,132	,005	,146		,000
	N	65	68	65	65	73	68	68	53	74	65
Wissensbezogene Ressourcen	Pearson Correlation	,081	,128	,334	,163	,303	,260	,106	,165	,437	1
	Sig. (2-tailed)	,527	,311	,006	,199	,014	,035	,391	,284	,000	
	N	63	65	66	64	65	66	67	51	65	67

Agarwal, S./Ramaswami, S. (1992): Choice of Foreign Market Entry Mode: Impact of Ownership, Location and Internalization Factors, in: Journal of International Business Studies , 23.Jg, 1, S. 1-27.

Ahluwalia, M.S. (2002): Economic Reforms in India Since 1991 : Has Gradualism Worked?, in: Journal of Economic Perspectives, 16.Jg, 3, S.67-88.

Anand, J./Delios, A. (2002): Absolute and Relative Resources as Determinants of International Acquisitions, in: Strategic Management Journal, 23.Jg, 2, S.119-134.

Anderson, E./Coughlan, A.T. (1987): International Market Entry an Expansion via Independent or Integrated Channels of Distribution, in: Journal of Marketing, 51Jg, S.71-82.

Andersson, T/Svensson, R. (1994): Entry Modes for Direct Investment Determined by the Composition of Firm-Specific Skills, in: Scandinavian Journal of Economics, 96 Jg., 4, S.551-560.

Backhaus, K./Erichson, B./Plinke, W./Weiber, R. (2003): Multivariate Analysemethoden. Eine anwendungsorientierte Einführung, 10.Auflage, Berlin.

Bartlett, C.A./Ghoshal, S. (1992): Transnational Management. Text, Cases and Readings in Cross-Border Management, Homewood: McGraw-Hill Companies.

Baumgarten, A. (2006): Die Organisation von internationalen Markteinführungen, Marburg

Baumol, W.J./Panzar, J.C./Willig, R.D. (1982): Contestable markets and the theory of industry structure, New York: Harcourt Brace Jovanovich.

Bender, S.A. (2006): Going India. Internationale Markteintrittsstrategien deutscher Mittelständer in Indien, Saarbrücken.

Berens, W./Schmitting,W./Strauch, J. (2008): Funktionen, Terminierung und rechtliche Einordnung der Due Diligence, in: Berens,W./

Brauner, H.U./Strauch,J. (Hrsg.): Due Diligence bei Unternehmensakquisitationen, 5.Auflage, Stuttgart, S.113-158.

Bertelsmann Stiftung (2008): India Country Report, in: Den Wandel gestalten-Strategien der Entwicklung und Transformation, http://www.bertelsmann-transformation-index.de/125.0.html, 17.07.2009. Betz, J. (2007): Informationen zur politischen Bildung 296: Indien, Bonn.

Bhat, A./Kunze, H. (2007): Arbeitsrecht, in: DEG, FAZ, Rödl&Partner GbR, Investitionsführer Indien 2007, S.76-78.

Bossmann, H. (2007): Der eine hat, was der andere braucht, in: Länderprofile. Strukturdaten für das internationale Bildungsmarketing. Edition Indien, S.7-9, http://www.gate-germany. de/downloads/laenderprofile/daad-laenderprofil_indien.pdf, 16.07.2009.

Braun, G. (1988): Die Theorien der Direktinvestition, in: Institut für Wirtschaftspolitik an der Universität zu Köln (Hrsg.): Untersuchungen zur Wirtschaftspolitik, Köln.

Brouthers, K. D. (2002): Institutional, Cultural and Transaction Cost Influences on Entry Mode Choice and Performance, in: Journal of International Business Studies, 33.Jg, 2, S. 203-221.

Brouthers, K.D./Brouthers, L.E. (2000): Acquisition or Greenfield Start-Up? Institutional, Cultural and Transaction Cost Influences, in: Strategic Management Journal, 21.Jg, 1, S.89-97.

Brouthers, L.E./Brouthers, K.D./Werner, S. (1999): Is Dunning's Eclectic Frame-work Descriptive or Normative?, in: Journal of International Business Studies, 30.Jg, 4, S.831-844.

Buckley, P. J./Casson, M. (1976): The Future of the Multinational Enterprise, London: Macmillan.

Buckley, P.J./Casson, M.C. (1998): Analyzing Foreign Market Entry Strategies: Extending the Internalization Approach, in: Journal of International Business Studies, 29.Jg, S.539-561.

Bühl, A./Zöfel, P. (2002): SPSS 11. Einführung in die moderne Datenanalyse unter Windows, München.

Caves, R.E./Mehra, S. (1986): Entry of Foreign Multinationals into U.S. Manufacturing Industries, in: Porter, M. (Hrsg.): Competition in Global Industries, Boston: Harvard Business School, S.449-482.

CBS News (2007): Where´s the Beef? Meatless McDonalds Burgers in India, http://www.cbsnews.com/stories/2007/04/02/asia_letter/main2640540.shtml, 17.08.2009.

Chidambaram, D./Kurz, S./Shahzad, S.M. (2007): Gewerblicher Rechtsschutz, in: DEG, FAZ, Rödl&Partner GbR, Investitionsführer Indien 2007, S.81-83.

CIA (2009): CIA - The World Factbook, https://www.cia.gov/library/publications/the-world-factbook/geos/in.html#People, 05.05.2009.

Cluse, R. (1998): Ausländische Direktinvestitionen in den Transformationsstaaten Mittel- und Osteuropas. Ansätze zur Verbesserung der Standortqualität, in: Institut für Allgemeine Wirtschaftsforschung (Hrsg.): Schriftenreihe des Instituts für Allgemeine Wirtschaftsforschung der Albert-Ludwigs-Universität Freiburg, Band 62, Freiburg i.Br.

Coase, R.H. (1937): The Nature of the Firm, in: Economica, 4.Jg, S.386-405.

Copyright Office (2009): Introduction, http://copyright.gov.in/, 14.07.2009.

Datamonitor (2008): Country Analysis Report India: Indepth PESTLE insights, o.O.

Davis, P.S./Desai, A.B./Francis, J.D. (2000): Mode of International Entry: An Isomorphism Perspective, in: Journal of International Business Studies, 31.Jg, 2, S.239-258.

Delios, A./Beamish, P.W. (1999): Ownership Strategy of Japanese Firms: Transactional, Institutional, and Experience Influences, in: Strategic Management Journal, 20.Jg, S.915-933.

Demirbag, M./Tatoglu, E./Glaister, K.W. (2008): Factors Affecting Perceptions of the Choice between Acquisition and Greenfield Entry: The Case of Western FDI in an Emerging Market, in: Management International Review, 48.Jg, 1, S.5-38.

Detscher, S. (2006): Direktinvestitionen in Mittel- und Osteuropa. Determinanten und Konsequenzen für den Transformationsprozess, München.

Deutsch-Indische Handelskammer (2009): Deutsche Firmen in Indien trotzen dem Abschwung, http://indien.ahk.de/menu2/news-and-info/press-releases/news-9/?0=, 17.07.2009.

Deutsche Bundesbank (1965): Die deutschen Direktinvestitionen im Ausland, in: Monatsberichte der Deutschen Bundesbank, 17.Jg., 12, S.19-27.

Dikova, D./Witteloostuijn (2007): Foreign Direct Investment Mode Choice: Entry and Establishment Modes in Transition Economies, in: Journal of International Business Studies, 38 Jg, S.1013-1033.

Dong, B./Zou, S./Taylor, C.R. (2008): Factors That Influence Multinational Corporations' Control of Their Operations in Foreign Markets: An Empirical Investigation, in: Journal of International Marketing, 16.Jg, 1, S.98-119.

Dubin, M. (1975): Foreign Acquisitions and the Spread of the Multinational Firm. DBA Thesis, Graduate School of Business-Administration, Harvard University.

Dunning, J.H. (1974): Economic Analysis and the Multinational

Enterprise, London: Harper Collins

Dunning, J.H. (1977): Trade, location of economic activity and the MNE: A search for an eclectic approach, in: Ohlin, B. et al. (Hrsg): The international allocation of economic activity. Proceedings of a Noble Symposium held in Stockholm, London: Macmillan.

Dunning, J.H. (1980): Toward an eclectic theory of international production: Some empirical tests, in: Journal of International Business Studies, 11.Jg, S.9-31.

Dunning, J.H. (1988): The eclectic paradigm of international production: A restatement and some possible extensions, in: Journal of International Business Studies, 19.Jg, S.1-32.

Dunning, J.H. (1995): Reappraising the Eclectic Paradigm in an Age of Alliance Capitalism, in: Journal of International Business Studies, 26.Jg, 3, S.461-491.

Dunning, J.H./Lundan S.M. (2008): Multinational Enterprises and the Global Economy, 2.Auflage, Cheltenham: Edward Elgar.

Eppinger, U./Rechkemmer, K. (2007): Strategische Wertschöpfung für den deutschen Mittelstand in Indien, in: DEG, FAZ, Rödl&Partner GbR, Investitionsführer Indien 2007, S.19-20.

Erramilli, M.K./Rao, C.P. (1993): Service Firms' International Entry Mode Choice: A Modified Transaction – Cost Analysis Approach, in: Journal of Marketing, 57.Jg, S.19-38.

Europäische Union (2009): Facts and Figures – SMEs in Europe, http://ec.europa.eu/enterprise/entrepreneurship/facts_figures. htm, 31.05.2009.

Fahrmeir, L./Künstler, R./Pigeot, I./Tutz, G. (1999): Statistik. Der Weg zur Datenanalyse, 2.Auflage, Berlin.

Fieten, R. (1997): Politische, wettbewerbliche und kostenorientierte Bestimmungsgründe der Allokation von Wertschöpfungsaktivitäten, in: Macharzina, K / Oesterle, M.J. (Hrsg.): Handbuch Internationales Management, Wiesbaden, S. 683-703.

Gasparic-Fiember, C. (2007): Ansiedlungs- und Eigentumsformen ausländischer Direktinvestitionen. Eine empirische Untersuchung deutscher und österreichischer Unternehmen im ehemaligen Jugoslawien, München.

Gayathri, S. (2007): An Opportunity to SE(i)Z(e), in: Millar, R. (Hrsg.): Doing Business with India, 2.Auflage, London: GMB Publishing, S.37-39.

Geissbauer, R./Siemsen, H. (1995): Erfolgsstrategien für den indischen Markt: Erfahrungsstudie Deutsch-Indischer Joint Ventures, Mumbai: Deutsch-Indische Handelskammer.

Gillmann, W./Kersting, S./Müller, O. (2006): Indien lockt deutsche Firmen, in: Handelsblatt.com, 24.04.2006, http://www. handelsblatt.com/unternehmen/industrie/ indien-lockt-deutsche-firmen;1067997, 17.07.2009.

Görg. H. (2000): Analysing Foreign Market Entry: The Choice Between Greenfield Investment and Acquisitions, in: Journal of Economic Studies, 27.Jg, S.165-181.

Gosalia, S. (2005): Indien im Welthandelssystem und die WTO-Verhandlungen, in: Schucher, G./Wagner, C. (Hrsg.): Indien 2005. Politik, Wirtschaft, Gesellschaft, Hamburg, S.141-158.

Gupta, R./Gupta, V.K./Ruppert, T. (2007): Steuerliche Rahmenbedingungen, in: DEG, FAZ, Rödl&Partner GbR, Investitionsführer Indien 2007, S.68-72.

Gupta, V.K./Ruppert, T. (2007): Finanzierung, in: DEG, FAZ, Rödl&Partner GbR, Investitionsführer Indien 2007, S.74-75.

Hartung, J./Elpelt, B. (1992): Multivariate Statistik. Lehr- und Handbuch der angewandten Statistik, 4.Auflage, München.

Harzing, A.W. (2000): An Empirical Analysis and Extension of the Bartlett and Goshal Typology of Multinational Companies, in: Journal of International Business Studies, 31.Jg, 1, S.101-120.

Harzing, A.W. (2002): Acquisitions versus Greenfield Investments: International Strategy and Management of Entry Modes, in: Strategic Management Journal, 23.Jg, S.211-227.

Henley, J.S. (2004): Chasing the Dragon: Accounting for the Under-Performance of India by Comparison with China in Attracting Foreign Direct Investment, in: Journal of International Development, 16.Jg, S.1039-1052.

Hennart, J.F. (1982): A Theory of Multinational Enterprise, Ann Arbor: University of Michigan Press.

Hennart, J.F. (1991): The Transaction Cost Theory of Joint Ventures: An Empirical Study of Japanese Subsidiaries in the United States, in: Management Science, 37.Jg, 4, S.483-497.

Hennart, J.F./Park, Y.R. (1993): Greenfield vs. Acquisition. The strategy of Japanese Investors in the United States, in: Management Science, 39.Jg, 9, S.1054-1070.

Hilger, S.H. (2001): Erfolgsfaktoren für Internationalisierungsstrategien, dargestellt am Beispiel des Engagements deutscher Unternehmen in der VR China, Frankfurt a.M.

Hitt, M.A./Hoskisson, R.E./Johnson, R.A./Moesel, D.D. (1996): The Market for Corporate Control and Firm Innovation, in: Academy of Management Journal, 39.Jg, 5, S.1084-1119.

Hofstede, G. (2009): Geert Hofstede´s Culural Dimensions, http://www.geert-hofstede.com/hofstede_india.shtml, 21.07.2009.

Holtbrügge, D./Boutler, T. (2003): Auslandsinvestitionen in Russland, in: Meier, C./Pleines, H./Schröder, H.H. (Hrsg.): Ökonomie – Kultur – Politik. Transformations-prozesse in Osteuropa. Festschrift für Hans-Hermann Höhmann, S.279-296, Bremen.

Holtbrügge, D./Puck, J.F. (2006): Mergers and Acquisitions in China. Rahmenbedingungen, Strategien, Erfolgsfaktoren, in: Seidenschwarz, W. (Hrsg.): Prozessorientiertes M&A Management. Strategien, Prozesse, Erfolgsfaktoren, München, S.183-210.

Homburg, C./Baumgartner, H. (1995): Beurteilung von Kausalmodellen, in: Marketing ZFP, 17.Jg, S.162-176.

ICON Group (2003): Bulk Material Handling Equipment in India: A Strategic Reference, 2003, o.O: ICON Group International.

IfM Bonn (2002): KMU Definition des IfM Bonn, http://www.ifm-bonn.org/index.php ?id=89, 31.05.2009.

Ihlau, O. (2008): Indien auf dem Sprung zur Weltmacht, in: Aus Politik und Zeitgeschichte , 22.Jg, S. 3-6.

IMF (2001): Foreign Direct Investment Statistics: How Countries Measure FDI 2001, International Monetary Fund, Washington D.C.

Jacob, R/Eirmbter, W.H. (2000): Allgemeine Bevölkerungs-umfragen: Einführung in die Methoden der Umfrageforschung mit Hilfen zur Erstellung von Fragebögen, München.

Jahrreiß, W. (1984): Zur Theorie der Direktinvestitionen im Ausland. Versuch einer Bestandsaufnahme, Weiterführung und Integration partialanalytischer Forschungsansätze, in Broermann, J. (Hrsg.): Volkswirtschaftliche Schriften, Berlin.

Johanson, J./Vahlne, J.E. (1977): The Internationalization Process of the Firm-A Model of Knowledge Development and Increasing Foreign Market Commitments, in: Journal of International Business Studies, 8.Jg, S.22-32.

Johnson, J./Tellis, G. (2008): Drivers of Success for Market Entry into China and India, in: Journal of Marketing , 72.Jg, S. 1-13.

Jungmittag, A. (1996): Langfristige Zusammenhänge und kurzfristige Dynamiken zwischen Direktinvestitionen und Exporten. Eine mehrstufige Modellierung dynamischer simultaner Mehrgleichungssysteme bei kointegrierten Zeitreihen, Berlin.

Kaufmann, L./Koch, M./Paschke, C. (2006): Investmentguide Indien: Erfolgsstrategien deutscher Unternehmen auf dem Subkontinent, GIRT-Vortrag in Hamburg vom 08.05.2006, http://www.girt.de/Vortragszusammenfassung% 20GIRT%20HH.pdf, 08.10.2009.

Kim, W./Hwang, P. (1992): Global Strategy and Multinationals' Entry Mode Choice, in: Journal of International Business Studies, 23.Jg, 1, S.29-53.

Klinger-Paul, C. (2006): Business-Guide Indien: Ohne Chaos keine Schöpfung, München.

Knickerbocker, F.T. (1973): Oligopolistic reaction and the multinational enterprise, Boston: Harvard University Press.

Kogut, B./Singh, H. (1988): The effect of national culture on the choice of entry mode, in: Journal of International Business Studies, 19.Jg, S.411-432.

Kundu, K.K. (2005): Deutsche Direktinvestitionen in Indien: Unausgeschöpftes Potenzial, in: Deutsche Bank Research, 29.11.2005, http://www.dbresearch.de/PROD/ DBR_INTERNET _DE-PROD/ PROD0000000000192764.pdf, 17.07.2009.

Kutschker, M./Schmid, S. (2006): Internationales Management, 5.Aufl., München.

Lymbersky, C. (2008): Market Entry Strategies. Text, Cases and Readings in Market Entry Management, Hamburg.

Macharzina, K./Wolf, J. (2005): Unternehmensführung. Das internationale Managementwissen. Konzepte-Methoden-Praxis, 5. Auflage, Wiesbaden.

Makino, S./Neupert, K.E. (2000): National Culture, Transaction Costs, and the Choice Between Joint Venture and Wholly Owned Subsidiary, in: Journal of International Business Studies, 31.Jg, 4, S.705-713.

Marinell, G. (1990): Multivariate Verfahren. Einführung für Studierende und Praktiker, 3. Auflage, München.

Meyer, K.E. (2001): Institutions, Transaction Costs, And Entry Mode Choice in Eastern Europe, in: Journal of International Business Studies, 32.Jg, 2, S.357-367.

Meyer, K.E./Estrin, S./Bhaumik, S.K./Peng, M.W. (2009): Institutions, Resources, and Entry Strategies in Emerging Economies, in: Strategic Management Journal, 30.Jg, S.61-80.

Müller, O. (2006): Wirtschaftsmacht Indien. Chance und Herausforderung für uns, München.

Müller, T. (2007): Analyzing Modes of Foreign Entry: Greenfield Investment versus Acquisition, in: Review of International Economics, 15.Jg, 1, S.93-111.

Müller, S./Kornmeier, M. (2002): Motive und Unternehmensziele als Einflussfaktoren der einzelwirtschaftlichen Internationalisierung, in: Macharzina, K./Oesterle, M.J. (Hrsg): Handbuch Internationales Management: Grundlagen-Instrumente-Perspektiven, Wiesbaden, S.99-130.

Müller-Stewens, G./Lechner, C. (1997): Unternehmungensindividuelle und gastlandbezogene Einflußfaktoren der Markteintrittsform, in: Macharzina, K./Oesterle, M.J. (Hrsg.): Handbuch Internationales Management, Wiesbaden, S. 231-252.

Nienaber, K. (2003): Internationalisierung mittelständischer Unternehmen: Theoretische Grundlagen und empirische Befunde zur Strategiewahl- und umsetzung, Hamburg.

N.N. (2001): India´s Corruption Blues, in: Economist, 358.Jg, 8214, S.47-48.

North, D.C. (1990): Institutions, Institutional Change and Economic Performance, Cambridge University Press: Cambridge.

OECD (1999): Benchmark Definition of Foreign Direct Investment, 3. Auflage, Paris: OECD.

Office of the Registrar of Trade Marks (2009): Brief Background, http://ipindia.nic. in /tmr_new /default.htm, 14.07.2009.

Padmanabhan, P./Cho, K.R. (1999): Decision Specific Experience in Foreign Ownership and Establishment Strategies: Evidence from Japanese Firms, in: Journal of International Business Studies, 30.Jg, 1, S.25-43.

Pausenberger, E. (1994): Internationalisierung von Unternehmungen. Strategien und Probleme ihrer Umsetzung, Stuttgart.

Perlitz, M. (2004): Internationales Management, 5.Auflage, Stuttgart.

Porter, M.E. (1985): Competitive Advantage. Creating and Sustaining Superior Performance, New York: Free Press.

Prahalad, C.K./Hamel, G. (1990): The Core Competence of the Corporation, in: Harvard Business Review, 68.Jg, 3, S.79-91.

Ratanpal, A. (2008): Indian Economy and Indian Private Equity, in: Thunderbird International Business Review, 50.Jg, 6, S. 258-353.

Root, F.R. (1994): Entry Strategies for International Markets, New York: Macmillan.

Rothlauf, J. (2006): Interkulturelles Management. Mit Beispielen aus Vietnam, China, Japan, Russland und den Golfstaaten, 2.Auflage, München.

Scherm, E./Süß. S. (2001): Internationales Management. Eine funktionale Perspektive, München.

Schilling, G./Gerhardt, J. (2007): Geschäftsumfeld für Investoren, in: DEG, FAZ, Rödl&Partner GbR, Investitionsführer Indien 2007, S.24-30.

Schindler, C. (2002): Unternehmensbewertung im Rahmen von Cross-Border-Akquisitionen, in: Krystek, U. (Hrsg.): Handbuch Internationalisierung. Globalisierung – Herausforderung für die Unternehmensführung, 2. Auflage, Berlin, S.171-182.

Schmitt, N. (1996): Uses and Abuses of Coefficient Alpha, in:

Psychological Assessment, 8.Jg, 4, S.350-353.

Statistisches Bundesamt (2008): Klassifikation der Wirtschafts-
zweige. Mit Erläuterungen, Ausgabe 2008, Wiesbaden.

Stehn, J. (1992): Ausländische Direktinvestitionen in Industrie-
ländern. Theoretische Erklärungsansätze und empirische Evidenz,
Tübingen.

Süß, K. (2009): Personalpolitik in Indien. Strategien zur erfolgreichen
Personalpolitik aus deutscher Sicht, Hamburg.

Tihanyi, L./Griffith, D.A./Russell, C.J. (2005): The Effect of Cultural
Distance on Entry Mode Choice, International Diversification, and
MNE Performance: A Meta-Analysis, in: Journal of International
Business Studies, 36.Jg, S.270-283.

Titus &Co (2007): Employment Issues, in: Millar, R. (Hrsg.): Doing
Business with India, 2.Auflage, London: GMB Publishing, S.133-138.

Transpatent (2009): Die MMA-Mitgliedsstaaten-Stand Juni 2009,
http://transpatent. com/archiv/mma194.html#member, 14.07.2009.

Tse, D.K./Yigang, P./Au, K.Y. (1997): How MNCs Choose Entry
Modes and Form Alliances: The China Experience, in: Journal of
International Business Studies, 28.Jg, 4, S.779-805.

UNCTAD (2005): World Investment Report 2005. Transnational
corporations and the Internationalization of R&D, New York: United
Nations.

Vermeer, M./Neumann, C. (2008): Praxishandbuch Indien: Wie Sie
ihr Indiengeschäft erfolgreich managen. Kultur verstehen, Mitarbei-

ter führen, Verhandlungen gestalten, Wiesbaden.

Wagner, J. (1991): Die bundesrepublikanische Industrie auf dem Weltmarkt, Berlin.

Walldorf, E.G. (1992): Die Wahl zwischen unterschiedlichen Formen der internationalen Unternehmer-Aktivität, in: Kumar W.N./Haussmann, H. (Hrsg.): Handbuch der internationalen Unternehmenstätigkeit, S.447-470, München.

Wamser, J. (2005): Standort Indien: Der Subkontinentalstaat als Markt und Investitionsziel ausländischer Unternehmen, Münster.

Weiss, C. (1996): Die Wahl internationaler Markteintrittsstrategien – Eine transaktionskostenorientierte Analyse, Wiesbaden.

Welge, M. K./Holtbrügge, D. (2006): Internationales Management - Theorien, Funktionen, Fallstudien, 4 Aufl., Stuttgart.

Williamson, O.E. (1975): Markets and Hierarchies: Analysis and Antitrust Implications, New York, London: Free Press.

Williamson, O.E. (1985): The Economic Institutions of Capitalism, New York: The Free Press.

Willig, R. (1978): Technology and Market Structure, in: American Economic Review, 69.Jg, S.346-357.

Wörlein, M./Chatterji, S. (2007): Rechtliche Rahmenbedingungen, in: DEG, FAZ, Rödl&Partner GbR, Investitionsführer Indien 2007, S.56-66.

Yahoo Finance (2009): Indian Rupee to US Dollar Exchange Rate, http://in.finance.yahoo.com/currency/convert?from=INR&to=USD&amt=1&t=5y, 10.07.2009.

Yip, G.S. (1982): Diversification Entry. Internal Development versus Acquisition, in: Strategic Management Journal, 3.Jg., 4, S.331-345.

Zentes, J./Swoboda, B. (1997): Grundbegriffe des Internationalen Managements, Stuttgart.

Zentes, J./Swoboda, B./Schramm-Klein, H. (2006): Internationales Marketing, München.